연봉 **3억**
주부가 알려주는
영업의
비밀

연봉 3억 주부가 알려주는 영업의 비밀

초판 1쇄 2022년 04월 26일
초판 2쇄 2022년 12월 28일

지은이 최선옥 | **펴낸이** 송영화 | **펴낸곳** 굿웰스북스 | **총괄** 임종익

등록 제 2020-000123호 | **주소** 서울시 마포구 양화로 133 서교타워 711호

전화 02) 322-7803 | **팩스** 02) 6007-1845 | **이메일** gwbooks@hanmail.net

© 최선옥, 굿웰스북스 2022, *Printed in Korea.*

ISBN 979-11-92259-13-0 03320 | **값 15,000원**

고수들의 특급
영업 전략을
훔쳐라!

연봉 3억
주부가 알려주는
영업의
비밀

최선옥 지음

굿웰스북스

"나는 말을 잘 못 해요."

참으로 많은 사람이 나를 찾아와 고백하듯 속내를 털어놓는다. 그들은 한결같이 다른 사람들 앞에서 말을 할 때 부끄럽고 소심해진다고 한다. 무슨 말을 해야 할지 몰라 머릿속이 새까맣게 된다고도 한다. 특히나 말하는 재주가 없어서 대화를 나누는 게 무척이나 조심스럽고 꺼려진다고 한다. 이렇게 말하는 사람을 유심히 관찰하다 보면 나의 입가에 실없이 미소가 퍼질 때가 많다. 재미있는 사실은 이렇게 고백한 사람들이 말을 못 하는 사람들이 아니라는 것이다. 그들은 자신을 낯선 사람 앞에서 말을 잘하지 못하는 스타일이라고 소개하면서, 내 앞에서는 얼마나 흥분하며 또박또박하게 자신을 설명하고 있는지 모른다.

"지금 말 잘하고 계시는데요? 심지어 우리 오늘 처음 봤는데 정말 잘하고 있잖아요!"

말을 못 하는 사람은 없다. 단지 말하는 방법을 모를 뿐이다. 상대방을 설득하기가 어려울 뿐이다. 어렵다는 건 모른다는 말이다. 모르는 것은 배우면 된다. 초등학교부터 고등학교까지, 학교를 졸업하는 내내 말 잘하는 방법에 대하여 배웠던 적이 있었던가? 사회에 나가서 사람과 잘 소통하는 방법은 배우지 않았다. 말하는 방법을 고민하거나 연구하거나 배우려고 하지 않았다. 그렇다 보니 말은 잘하지만 소통하고 설득하는 데에 늘 어려움을 겪는다.

나를 찾아오는 사람들에게 첫인사를 나눈 후 꼭 물어보는 말이 있다.

"멀리서 여기까지 오면서 무엇이 가장 궁금했나요?"

"그 정통멘트라는 게 너무 궁금해요. 그게 뭐길래 영업을 한 번도 안 해본 주부나 직장인들이 배워서 척척 계약을 잘하고 오는 거죠?"

사람들은 이 부분을 가장 신기해한다. 전국에는 수많은 영업 회사가 있고 영업 사무실이 즐비하다. 나 또한 방문 판매 영업 출신이다. 대부분 영업자가 그렇듯 나도 수없이 많은 거절을 당했다. 보험 회사, 출판사, 다단계 건강식품 등 주부가 할 수 있는 건 모두 건드려봤다. 결과는 처참할 정도로 늘 실패였다. 지금도 수많은 영업자가 고객을 설득하지 못한 자신을 한탄하며 자괴감에 빠져있을 것이다. 영업이란 것이 실적만 좋다면 월급쟁이들보다 훨씬 매력이 있는 건 사실이다. 어떻게 해야만 잘할 수 있는지 도통 방법을 모르겠는가? 방법은 의외로 쉽고 간단하다.

"가서 배워라."

청소기 하나를 사도 사용 설명서대로 조립하고 작동해야 한다. 사람과 소통을 잘하려면 사람 연구를 해야 한다. 상품을 팔려고 상품 연구와 제품연구만 하지 마라. 그건 기본적으로 깔고 있어야 한다. 그 위에 사람 마음 연구를 추가로 얹어야 한다. 어디 가서 배우느냐고? 지금 당장 보따리 싸매고 그 업계의 최고를 찾아가라. 의사나 변호사 같은 자격증 공부만 몇 년씩 배울 게 아니다. 사람을 대하는 영업직은 특히나 더하다. 그들만큼만 시간과 노력과 비용을 들여서 공부를 해보라. 그럼 업계 최고가 되지 않을 수가 없을 것이다.

말 하나만 잘해도 먹고 살 수가 있다. 달리 표현하면, 말 하나 잘할 줄 몰라서 먹고 살기가 힘들어진다. 영업은 그만큼 성공의 기회가 활짝 열려 있다. 잘하는 사람은 성공하는 이유가 분명히 있다. 영업 사무실에서 알려주는 대로 해 봤더니 실적이 없다고? 그럼 그 방법은 절대로 쓰면 안 되는 실패하는 방법이다. 분명한 사실은 당신이 영업할 줄 몰라서 못 하는 것이 아니다. 가르치는 사람이 못 가르쳐서 실적이 나쁘다는 걸 빨리 알아차려야 한다. 가르치는 사람의 실적이 최고를 자랑하는가? 그렇지 않으면 오늘 당장 바꿔라. 잘못하다간 당신도 과거 나의 초창기 모습처럼 영업은 처절하고 비참한 것이라고 한탄하게 될 것이다.

상대방을 잘 설득하고 싶다고?

상품에 관해서만 공부하고 무작정 사람을 찾아다니며 상담하지 말길 바란다. 어떻게 상대방을 설득하는지 말하는 방법을 배워야 한다. 그러면 당신의 수입 그래프는 쭉 올라갈 것이다.

요즘 나를 찾아오는 사람들은 5년 전에 찾아오던 사람들과는 확연히 다른 각오를 마음에 품고 다가옴을 느낄 때가 많다. 예전에는 긴가민가 하면서 찾아왔다면, 최근에는 확신을 품고 찾아오는 이가 많아졌다.

"영업을 한 번도 안 해본 사람들이 정말로 배운 대로 실천했더니 되더라."

내가 운영하는 〈노랑반디 지식창업 연구소〉 후기에는 이런 글들이 수두룩하게 흘러 넘쳐난다. 가슴이 두근거리고 뿌듯하지 않을 수 없다. 처음 컨설팅을 할 때까지만 해도 이런 결과물은 상상도 못 했었다. 솔직히 고백하자면 기술과 노하우를 전수해주고 돈을 벌고 싶었을 뿐이었다. 하지만 나를 믿고 오는 사람들은 적어도 나처럼 처절하게 실패하고 거절당하는 꼴은 겪게 하지 말자는 철학이 있었다. 그들이 성공에 이르는 시간을 단축하게 해주자. 어떻게 하면 더 빨리 거절 없이 성공시킬 수 있을까? 정말 열심히 고민했다. 성공을 위해 노력하는 사람들이 그 목표에 도달할 수 있도록 끝까지 도와주어야 한다는 지론이 생겼다.

우는 아이 달랠 때도 엄마들은 머리를 짜낸다. 10년을 영업하고도 성공은 커녕 아직도 런닝머신 위에서 제자리 뛰기만 하고 있는가? 지금 당장 그 위에서 내려와 당신의 멘토를 찾아 나서라. 가서 배워라. 상대방을 설득시키려면 반드시 전략이 필요하다. 그리고 당신의 성공 시스템을 만들어라. 성공하는 사람에겐 반드시 이유가 있다.

목 차

2장

성공하는 영업은 전략부터 다르다

3장

고객의 속마음을 훤히 보는 영업의 기술

4장

영업 고수가 현장에서 바로 쓰는 대화 스킬

5장

잘 배운 영업 기술 대기업 연봉 안 부럽다

1장

영업 잘하고 싶다면
꼭 알아야 할
7가지 포인트

고객은
거절할 준비를 하고
나를 만난다

사람은 살면서 수없이 많은 물건을 구매한다. 사고 싶다고 모든 걸 덥석 구매하는 사람은 없다. 단 한 가지의 물건이라도 고민하지 않고 사는 사람은 아무도 없다. 과자 한 봉지를 사더라도 고민한다. 더 비싼 제품을 구매할 때는 결정의 시간이 더 길어지기 마련이다. 하나라도 마음에 안 드는 부분이 있다면 곧바로 다른 제품을 찾아 나선다.

얼마 전 사무실의 커튼을 새로 구매할 일이 생겼다. 커튼 집 몇 군데를 둘러보기 위해 나섰고, 가장 먼저 눈에 띄는 가게로 들어섰다. 디자인 감각이 전혀 없는 나는 많은 제품 중 하나만 선택하기가 힘들었다. 그중 가장 눈에 띄는 커튼 하나를 만져보았다. 주인은 그 제품이 요즘 가장 잘 팔려나가는 것이라고 자랑했다. 몇 걸음 후 다른 제품을 만져보았다. 그 제품도 인기 상품이라고 했다. 내가 만지는 물건마다 인기 있는 제품이라고 했다. 그러더니 어디에 달 것인지, 평수는 몇 평인지 물어왔다. 손에는 벌써 견적서가 들려 있었다. 대답했다가는 당장이라도 계약서를 내 앞에 들이밀 것 같았다. 그 종이를 본 순간 질문에 건성으로 대답했다. 그리고 나도 모르게 발걸음은 문 쪽으로 향했다. 빨리 그곳을 벗어나고 싶었다.

이것도 좋다, 저것도 좋다고 하는 주인의 말에 신뢰가 가지 않았다. 무조건 다 좋다고 하면 무엇을 고르라는 것인가? 안 그래도 안목이 없는 나에겐 더욱 그러했다. 물건을 사려고 하는 고객이 가장 부담을 느낄 때는 언제일까? 바로 주인이 섣불리 물건을 팔려고 애쓰는 모습을 보일 때다. 고객은 구매 전, 다른 곳과 비교했을 때 제품의 질은 좋은지, 가격은 적당한지, 좀 더 나은 건 없는지 이것저것 따져보고 싶은 게 많다. 고객은 자신의 선택이 최고였다는 믿음이 있어야 구매를 결정한다. 그러나 판매만 서두르는 주인을 보면 마음이 닫히기 마련이다. 섣불리 계약서를 작성했다가 후회해 본 경험이 한두 번쯤 있기 때문이다. 너무 섣부른 구매 촉구는 오히려 고객을 내쫓는 꼴이 된다. 고객은 들어 왔던 문을 언제든지 나갈 채비를 하고 들어온다.

　2000년쯤 출판사 영업을 하러 다닐 때의 일이다. 자녀를 키우는 엄마라면 누구나 책은 살 것으로 생각했다. 판매를 잘할 수 있을 거라는 자신감이 있었기 때문에 출판사 사무실에 당당하게 찾아갔다. 어느 날에도 나는 고객 집에서 열심히 전집을 설명했다. 머뭇거리며 결정을 못 하는 고객을 강하게 끌어당겼다. 살까 말까 고민하던 아기 엄마는 3세트의 책을 사겠다고 했다. 그 자리에서 카드를 받아 결제받고 기분 좋게 그 집을 나섰다. 정확히 차의 시동을 걸자마자 전화가 울렸다. 좀 전에 만났던 그 고객이었다. 너무 급히 결정한 것 같으니 보류를 좀 해달라는 전화였다. 좀 더 알아보고 결정하겠다고 했다. 순간 머릿속이 멍해졌다. 그 책이 왜 좋은지 거의 두 시간 가까이 설명했는데 보류하는 이유를 알 수가 없었다.

　물건을 팔려고 하는데 고객이 머뭇거릴 때는 이유가 있다. 그 이유를 파악하지 않은 채 밀어붙이기만 한다면 그 자리에서는 팔릴 수도 있다. 고객은 영업사원이 떠나면 반드시 다시 한번 계약서를 살펴본다. 설명할 때는 다 맞는 말 같았던 것에서 오류를 발견하기도 하고, 자기 손에 들려 있는 계약서를 보니 성급하게 혼자 결정한 게 아닌가 하는 불안에 빠지게 된다. 그래서 가까운 지인에게 이 사실을 상의한다. 지인은 고민되면 취소하라고 말해준다. 좀 더 알아보지 않고 섣불리 혼자 결정했다고 꾸지람까지 듣는다. 고객은 처음 본 영업사원의 말보다 지인의 말을 더 신뢰한다. 취소 요청을 하는 사람들의 마음에는 대부분 잘못된 결정을 내린 건 아닐까 하는 불안함이 있다. 제품의 가격이 비싸면 더 그렇다. 혼자 내린 결정이 잘된 것인지 잘못된 것인지 그 선택을 의심한다. 고객은 내 앞에서만 취소하는 게 아니다. 내가 그 자리를 떠난 후에도 언제든지 거절할 준비를 하고 있다.

구매할 상품을 결정하고 찾아오는 고객도 있다. 제품의 브랜드나 이미지의 평이 좋고 제품의 가격이 노출된 경우다. 얼마 전 30대 초반의 논술 지도 교사를 만났다. 여러 번 취업에 떨어지고 더 놀 수만 없어서 그 일을 택했다고 한다. 하지만 수입이 너무 적어서 다른 일을 알아보는 중이라고 했다. 왜 수입이 적은지 이유가 궁금해서 물어보았다.

"선생님, 혹시 학부모와 상담하시면 열 명 중 몇 명 정도 등록을 하나요?"

"네~, 두세 명 정도 됩니다."

너무 적은 등록 비율에 깜짝 놀랐다. 어제도 어떤 학부모가 자녀와 논술 지도 상담을 왔다가 그냥 갔다고 한다. 이미 마음먹고 온 고객도 놓쳤다고 풀이 죽어 있었다.

"왜 그 고객이 그냥 갔다고 생각하세요?"라고 질문하니 전혀 이유를 모르는 눈치였다.

영업하면서 고객이 왜 거절하는지 이유를 모르고 그냥 지나가는 경우가 허다하다. 나도 영업 초반에는 그랬다. 책 팸플릿을 쫙 펴놓고 상품 설명이 끝나면 고객이 구매해줄 줄 알았다. 그날 내 눈앞에 앉아 있는 선생님은 20년 전 과거의 나를 보는 듯했다. 이제 갓 사회에 발을 디딘 이분은 당당하고 씩씩한 면모가 없었다. 목소리는 작아서 자신감이 없어 보였다. 말투는 느렸다. 앉아 있는 모습은 마치 교장 선생님을 마주한 기죽은 학생처럼 보였다. 자신은 영업을 잘 못 한다고 말했다. 자녀 교육을 위해 학원을 선택할 때 브랜드도 중요하다. 하지만 그것보다 더 중요한 건 내 자식을 가르치는 선생님의 면모가 더 큰 비중을 차지한다. 고객에게는 논술 교재만 상품이 아니다. 상품의 선택 조건에는 선생님 이미지도 포함되어 있다.

고객과 상담할 때는 반드시 알아내야 할 것이 있다. 바로 고객의 속마음이다. 거절하는 고객의 속마음을 모른다면 우리는 영원히 고객의 돌아서는 뒷모습만 바라보게 될 것이다. 항상 고객과 나의 위치를 바꿔 생각하는 습관을 지녀야 한다. 내 앞의 고객은 고객이 아니라 바로 나 자신이라고 생각해야 한다. 지금 당장 결정을 미루며 거절하려고 하는 이유는 무엇인가? 왜 영업자는 나를 설득하지 못했을까? 나 같으면 무엇이라고 말해주기를 바라는지 곰곰이 생각해보자. 상품에 대한 지식이 부족했던가? 아니면 보이는 이미지가 전문가답지 못했나?

특히 1대1 개인 상담에서는 더욱 그렇다. 고객들은 늘 잘못된 판단을 할까 봐 걱정한다. 항상 거절할 마음을 품고 영업자를 만난다. 특히 1대1 개인 상담에서는 더욱 그렇다. 상표 인지도나 상품이 훌륭하다고 고객이 나를 선택해 주는 건 극히 드문 일이다. 마치 우리가 낯선 식당에 들어섰을 때 주위를 두리번거리는 것과 같은 이치다. 음식을 먹기 전부터 평가를 시작한다. 깨끗한가? 사람은 많은가? 혹시 내 입맛에 맞지 않으면 어떡하지? 이것저것 불안한 마음이 불시에 드는 건 어쩔 수 없다. 초면부터 불안한 고객 마음을 휘어잡아야 한다.

고객은 상품보다는 영업자를 보고 판단한다. 상대가 신뢰할 수 있는 전체적인 아우라를 풍겨라. 낯선 집에 우연히 들어선 이방인 같은 마음 상태가 바로 고객이다. 어색한 장소를 빨리 벗어나고 싶은 게 고객 마음이다. 기대했던 대화나 미팅이 실망이 섞여 나타날 때 고객은 가방 들고 일어날 마음의 준비부터 한다. 달아날 생각부터 마음 저편에 깔고 있는 고객에게 편안하게 믿음을 주려면 영업자가 곧 상품이라는 사실을 명심하자. "너라면 나를 믿고 거래할 수 있겠니?" 큰 거울 앞에 서서 거울 속의 나에게 물어보자.

지인
영업은 영업이
아니다

요즘 전 연령대를 막론하고 취업난이 심각하다. 취직이 잘 안 되다 보니 가장 쉽게 생각해보는 게 영업이다. '나도 영업이나 한번 해 볼까? 까짓거 아는 사람에게 가서 팔면 되지 않을까? 그동안 알고 지낸 사이인데 무시하지는 않을 거야.' 아는 지인을 꼽아본다. 하나, 둘, 셋 생각나는 대로 세어봐도 꽤 돈을 벌 수 있을 것 같다. 처음에는 나도 그런 생각으로 영업을 시작했다. '그래 영업 한번 해보자. 나 같은 주부도 할 수 있을 것 같은데….' 무엇보다 말끔히 차려입고 다니는 모습이 아주 멋져 보였다. 시간도 자유로워 보이고 돈도 많이 버는 것처럼 보였다. 자녀를 키우면서 하기에도 시간을 자유롭게 쓸 수 있어서 딱 좋아 보였다. '혹시 알아? 실적이 좋아서 수입이 괜찮게 될지.' 차도 바꾸고 집 대출금 고민도 해결할 수 있을 거라는 행복한 상상을 했다.

이런 생각을 품고 처음 영업을 시작한 것이 보험 회사 영업이었다. 특별한 스펙이 없어도 되고 대학 졸업장을 요구하지도 않았다. 집안일과 두 딸을 키우면서 할 수 있는 건 아무리 생각해봐도 영업밖에 없다고 생각했다. 우리 집 보험 관리를 담당하시던 분이 계셨다. 그분에게 보험영업 시험을 한 번만 쳐 보라고 매일 전화가 왔었다. 남편에게 얘기해보았다. 출근하지 말고 집에만 있으라고 말할 줄 알았던 남편의 입에서 의외의 말이 나왔다. 그럼 다녀보라고! 뭐지? 왜 이렇게 쉽게 승낙하지? 쉽게 허락하니 좀 섭섭하긴 했지만 그렇게 나는 영업을 시작하게 되었다. 영업을 시작하고 아이는 유치원에 보내게 됐다. 그동안 단 하루도 아이와 떨어져 있어 본 적이 없었다. 유치원에 도착한 27개월 작은애는 세상이 떠나가라 울었다. 처음 일주일은 그렇게 운다는 원장님의 말씀을 위로로 삼았다. 하지만 왜일까? 두 아이를 떼어 놓은 내 어깨는 새털처럼 날아갈 듯이 가벼웠다. 정말이었다. 돈을 벌 수 있다는 생각에 발걸음도 가벼워지고 몸이 너무 홀가분했다.

입사 후 팀장은 첫 업무로 지인 100명을 적어오라고 했다. 왜 적으라고 했는지는 나중에 가서야 알았다. 초보자가 매출을 올릴 방법은 지인 영업밖에 없었기 때문이다. 겨우 15명 정도만 채우고 더는 적지 않았다. 지인 영업만큼 자존심 상하는 일이 없었다. 지인 영업은 상대방이 원해서 구매하는 게 아니라 그동안의 정을 이용해 어쩔 수 없이 구매하게 만드는 판매 방법이다. 두 사람 중 누구도 기분 좋게 끝나는 경우가 없었다. 사줄 수도, 안 사줄 수도 없는 애매한 신경전을 펼치다 기운이 빠진다. '얘가 또 뭘 팔려고 전화한 거 아냐?' 점점 나의 연락을 피하는 주변 지인들도 늘어나게 된다. 20년 가까이 영업을 했지만, 지인 영업은 이후로 절대 하지 않는다. 평판도 잃고 을의 영업을 하게 되기 때문이다.

처음에는 나도 시키는 대로 지인에게 전화를 돌렸다. 시키니 할 수밖에 없었다. 고맙게도 보험에 가입해준 사람도 있었지만, 거절한 사람과는 관계가 서먹해지기 일쑤였다. 우연히 모임에서 만나면 애써 어색하지 않은 척 노력해야 했다. 이런 판매 방법은 특별한 화술이나 설득의 기술이 필요 없다. 사주려고 애쓰는 사람과 거절하려고 애쓰는 사람으로 나누어질 뿐이다. 지인 영업은 대부분 6개월이 지나면 한계가 온다. 나에게도 더는 찾아갈 지인이 없는 시기가 왔다. 팀장이 시키는 대로 발품을 팔며 개척을 나가보지만 내 말을 끝까지 들어주는 사람은 아무도 없었다. 영업의 세계는 냉정했다. 지인 영업도 간신히 버티고 있었는데, 낯선 사람을 설득할 수 있었을까? 계속 거절만 당하기 일쑤였다. 개척 영업은 거절하려고 애쓰는 사람만 있고 사려고 애쓰는 사람은 존재하지 않다는 것이다. 자신감은 점점 떨어지고 괜히 일을 시작했나 하는 회의감마저 들었다. 아무리 팔고 싶어도 내 말을 듣는 사람이 없었다. 남들은 어떻게 설득을 잘할까? 매일 계약서에 사인을 받아오는 팀장님의 비법이 궁금했다.

결혼 후, 처음으로 초등학교 동기 모임을 한다는 연락을 받은 적이 있었다. 모임을 다녀온 후 일주일이 지났을까? 전화벨이 울려서 받아보니 모임에서 봤던 고향 친구였다. '아~, ○○자동차 영업을 한다고 했었지?' 반갑기도 하면서도 순간적으로 스치는 생각이 있었다. '설마 나에게 차를 팔려고 전화한 건 아니겠지?' 머뭇거리며 전화를 받았다. 마침 내가 사는 곳을 지나는 길이라 얼굴 한번 보자는 것이었다. 나는 순간적으로 시간이 없다는 핑계를 댔다. 정말 얼굴만 보자는 게 맞을 수도 있었지만 내심 부담이 되었다. 자동차를 바꾸라는 이야기를 꺼낸다면 친구 사이에 거절하기가 난감할 듯했기 때문이다. 다들 오랜만에 친구의 전화를 받았다가 난감한 경험을 한 적이 한두 번씩은 있을 것이다. 반가워서 전화를 받으면 보험을 팔거나 건강식품을 팔거나 하고, 심지어 기획 부동산까지 영업한다. 뚝 끊어 버리고 싶은데 친구인지라 그러지도 못하고 듣는 척만 하며 시간만 허비한다. 반가워야 할 친구의 전화를 일단 의심부터 하거나 아예 받기를 거부하는 일도 생긴다. 그렇다면 그들의 연락을 왜 거부하게 될까? 바꿔 말하면 그들은 왜 거부를 당할까? 그 이유를 생각해봐야 할 것이다.

초보 시절에는 누구나 상대방을 설득하는 화법 같은 건 완벽하지 않다. 그러다 보니 할 수 있는 말이라고는 '이 상품의 보장이 어떻고, 기능이 어떻고, 그러니 이 제품이 최고다.'라고 상품의 장점만 읊는 것일 것이다. 그러다가 '가입하세요, 구매하세요.'라고 바로 클로징 멘트가 나간다. 이런 방법으로 고액의 매출을 올릴 수 없다. 상품 설명만 할 줄 아는 영업사원이 고객의 마음을 얻을 수 있을까? 고객은 내가 끌리지 않을 때 절대 지갑을 열지 않는다. 사람은 누구나 환경의 영향을 받는다. 영업도 누구에게 배웠는지에 따라 실적은 천차만별이다.

나는 제대로 된 영업 방법을 배우지 못했다. 사무실에서 배운 대로 아무리 해 봐도 한 달에 3건 이상 계약하기가 힘들었다. 종일 돌아다니다 파김치가 되어 집에 돌아왔다. 몸도 지쳐가고 위장도 안 좋아지는 게 느껴져 한약도 몇 번 지어 먹었다. 그래도 속이 너무 불편하다 했더니 위내시경을 해보라는 권유를 받았다. 위내시경 결과를 기다리는 일주일간은 병원에서 처방해주는 약을 먹었다. 속이 너무 편해서 살 것만 같았다. 그동안 약이면 해결될 일을 너무 참고 살았나 싶었다. 일주일 후, 병원으로 검사 결과를 보러 갔다. 위암 3기라는 믿기지 않는 말을 들었다. 그토록 힘들고 피곤했던 이유가 그것이었구나. 갑자기 억울한 마음이 들었다.

왜 하필 나인가? 열심히 살려고 애썼던 것뿐이었는데. 두 딸의 얼굴과 남편의 얼굴이 스쳐 지나갔다. 내가 우리 가족을 지킬 수 있을까? 두려웠다. 영업을 제대로 배웠다면 힘들게 영업하지 않았을 것이고 병도 걸리지 않았을 텐데…. 막무가내로 열심히 일만 한 세월이 후회스러웠다.

다행히 치료 결과가 좋아 나는 다시 영업에 뛰어들었다. 그 힘들었던 영업을 쉽게 하는 방법을 깨달았기 때문이다. 20년이 지난 지금, 나는 영업을 처음 해본 사람들에게 세일즈 화법을 가르치고 있다. 나처럼 힘들게 영업을 하지 않길 바라서다. 수강생들에게는 20여 년간의 상담 스킬과 전문가 포지셔닝 방법을 알려준다. 미팅 당일에는 어떻게 고객과 대화를 풀어갈지에 대해 30분 정도 피드백을 해준다. 우리 수강생들은 이런 말을 자주 한다.

"대표님~, 고객 만나러 갈 때는 너무 떨렸는데 막상 가보니 너무 쉬웠어요. 좋은 엄마 만나고 온 것 같아요. 운이 좋았나 봐요. 대표님 피드백 받고 갔더니 고객이 내 말에 금방 수긍을 하더라고요."

무슨 말을 할 때마다 고개를 끄덕끄덕하는 걸 보고 신기했다고 한다.

그럴 때마다 나는 어이가 없어서 그저 쓴웃음만 짓는다. 영업이 쉬웠다고? 좋은 엄마 만난 것 같다고? 세상에 그런 고객은 없다. 사람들은 항상 손해 보지 않으려는 생각을 속마음 한편에 깔고 우리를 만난다. 영업은 처음부터 제대로 된 방법으로 배워야 한다. 지인 판매부터 먼저 해보라고 권한다면 당장 때려치워라. 수많은 사람이 영업을 해보려고 당당하게 들어갔다가 좌절하고 나오는 이유를 아는가? 바로 아는 사람부터 찾아가라고 가르치는 팀장의 말을 따랐기 때문이다.

분명히 알아야 할 사실은 영업 사무실은 실적이 곧 명예라는 것이다. 매달마다 주 마감, 월 마감으로 지사장들의 신경은 날카로워진다. 매달 실적을 올려야 하는 것이 영업이다. 아무도 실적이 없는 당신을 그냥 내버려 두지 않는다. 찾아갈 지인이 없을 정도로 인생을 헛살았냐고 질책만 들을 것이다. 그렇다고 절대로 영업을 포기하지 말길 바란다. 영업의 고수들은 팔기 위해 덤비지 않는다. 상품이 가진 이익과 혜택이 고객에게 어떻게 돌아가는지부터 연구해야 한다.

당신이
고객에게 거절만 당하는
진짜 이유

큰애를 집에 두고 작은애를 업고 병원에 다녀올 일이 생겼다. 엄마랑 있을 땐 말도 잘 안 듣고 떼쓰며 찡얼거리는 게 보통의 애들이다. 이런 말썽꾸러기 애를 옆집에 맡기기가 미안했다. 괜찮다며 잘 보고 있을 테니 안심하고 다녀오라는 옆집 엄마가 정말 고마웠다. 그런데도 다녀오는 내내 불안했다. 엄마에게 하던 버릇대로 떼쓰고 고집을 부릴 게 뻔했기 때문이다. 2시간쯤 지나 아이를 데리러 갔다.

"우리 딸이 울고 고집부려서 힘들었죠?"

"아뇨, 전혀 그런 거 없었어요. 오히려 너무 얌전하고 말도 잘 듣던데요?"

'이것 해 줘. 저것 해 줘.'하며 나를 귀찮게 하던 큰애는 옆집에 맡겨 놓으니 아주 천사표처럼 행동했단다. 그때 처음 알았다. 애들도 어른 눈치를 엄청나게 살피며 상황 판단을 할 줄 안다는 사실을. 엄마와는 흥정할 줄 알고 옆집 엄마에겐 포기할 줄도 안다. 아무에게나 자기의 말이 통하지 않음을 깨우친다. 이렇게 어린애들도 자기가 누구 앞에서 자신의 주장을 펴야 잘 먹히는지 알아차린다. 그런데, 하물며 어른인 나는 그렇지 못했다.

큰 수술 후 쉬었던 2년간은 거의 집안에만 있었기에 답답했다. 닫힌 방과 닫힌 창문을 보면 감옥에 갇힌 듯 숨이 죄였다. 바닷물이나 대중목욕탕에서도 잠수를 못 하는 버릇도 생겼다. 닫혀있는 공간과 무료한 일상은 건강에 대한 괜한 걱정만 키웠다. 그렇다고 옆집 주부들과 수다 떨며 보내는 시간도 의미 없게 느껴졌다. 집에 가만히 못 있는 성격이기도 하고 적은 수입에 내가 맞춰 살기엔 앞날이 불안했다. 그 당시 내가 큰 수술을 했다고 소문이 났던지 어떤 건강식품 회사 영업사원을 소개받았다.

건강은 한약과 양약만 있는 줄 알았다. 건강식품으로 내 몸을 보조할 수 있다니 귀가 솔깃했다. 한꺼번에 많이 사면 더 많은 혜택이 있었다. 심지어 되팔아서 수당도 챙길 수 있다니, 1석 3조란 바로 이럴 때 하는 말 같았다. 판매 회원으로 등록 후 500만 원어치의 물건을 사들였다. 이렇게 좋은 거라면 누구나 다 먹어야 하는 거 아닌가? 왠지 제품 판매도 잘할 수 있을 것 같은 자신감이 생겼다. 수술 후 55kg이었던 몸무게가 무려 47kg으로 내려갔다. 제품 먹고 건강도 찾고 체중도 줄어드는 게 보이니 이 제품이다 싶었다.

이 제품은 외국계 다단계 회사에서 판매하는 다이어트 전문 제품이었다. 창고에 그득 들어찬 물건을 팔기로 하고 같은 층 아파트 엄마들을 찾아갔다. 울산에서 막 천안으로 이사 온 직후였으므로 아는 사람들이라곤 그들이 전부였다. 내가 보고 들은 대로 상품 파일을 넘기며 브리핑했다. 그런데 아무도 사주지 않았다. 2개월, 3개월이 지나도 그 제품은 나 혼자서만 먹고 있었다. '왜 사람들은 제품을 안 사주지?' 못 팔았던 게 아니라 안 사줬던 사람들을 의아하게 생각했다. 제품이 안 좋은 건가? 지금 생각하면 웃기지만 내가 좋아한다고 해서 남들까지 다 좋아하는 게 아니었다.

아는 사람들이라고 만만하게 봤다. 제품을 팔려고만 애썼지, 나를 가꾸거나 바꾸려고는 노력하지 않았다. 사람들은 제품을 사는 게 아니라 나를 산다. 건강식품을 살 때는 그걸 먹어보기 전까지는 아무도 효과를 알 수 없다. 그래서 내 앞에 앉아 있는 이 영업사원을 대부분 믿는다. 그때 내 모습은 병치레 후 힘이 다 빠져 버린 회복기의 환자처럼 보였다. 기운도 없고 목소리엔 자신감도 없었다. 이런 모습을 한 영업사원이 건강 보조제를 판다면 아무리 좋은 상품을 권한다고 한들 관심 가져줄 사람은 아무도 없을 것이었다.

어떤 고객은 나보고 이런 말도 했다. "정말 힘들어 보여요. 어디 아프세요?" 이런 말을 들을 땐 나도 모르게 흠칫했다. 내 체력이 바닥이라는 걸 눈치챈 것 같았다. 나를 애처롭게 바라보는 눈치였다. 괜히 판매에만 열 올리고 있는 속마음을 들킨 듯 쑥스러웠다. 이런 날은 돌아와 거울 속 나를 한참을 쳐다본다. 내가 나를 쳐다봐도 정확히 뭘 바꿔야 할지는 몰랐다. 영업 초보가 거울 보며 중얼거리는 말이라고는 '내가 뭐 어때서? 이만하면 됐지!' 원인 분석을 할 줄 몰랐으니 당연했던 결과였다. 15,000원짜리를 단 한 개도 못 팔아보고 건강식품 판매는 접었다.

무엇이 잘못됐는지 그 당시는 몰랐다. 그러던 어느 날 대형 숯가마 찜질방엘 가게 되었다. 어느 코너 한구석에서 우렁찬 남자의 목소리가 들렸다. 그 남자 앞에는 많은 사람이 다닥다닥 붙어 앉아 있었다. 손에는 전부 검은 비닐봉지가 1개씩 들려 있었다. 이 남자는 제품을 쌓아놓고 영상을 보며 열심히 무언가 설명하고 있었다. 처음 보는 회사의 건강식품이었다. '어라? 이런 데서도 영업을 다 하네? 대단하다' 물론 운영자 허락은 받았을 것이다.

'다른 사람들은 어떻게 팔지?'

무더기로 쌓아놓은 제품은 아무리 봐도 낯설었다. 제품 뒤 TV 화면에서는 제품의 원료들이 어디에 좋다는 인터뷰들이 계속 흘러나왔다. 그냥 흔한 참마였다. 그 와중에 제품을 소개하는 판매자는 계속 설명을 이어갔다. 숯가마 사우나 왔다가 찜질복을 입고 옹기종기 모여 있는 사람들이 신기했다. 더 재미있는 건 제품 홍보하는 분이 앉아 있는 사람들에게 질문을 계속해서 해대는 것이었다. 아마도 흩어지는 생각을 집중시키려고 말을 걸고 대답을 듣는 듯했다. 다들 손에 쥐고 있던 검은 비닐봉지는 뭘까? 왜 모두 하나씩 들고 있지? 가만히 보니 질문하고 대답할 때 빨리 알아맞히는 사람에게 선물을 하나씩 나눠주고 있었다. 함께 맞힌 사람은 자신도 달라며 매달렸다. 제품 홍보 자리는 아주 화기애애해 보였다. 모두 아주 가까이 다닥다닥 붙어 있음에도 진행자는 이렇게 말했다.

"모두 좀 더 가까이 앞쪽으로 당겨 앉아주세요."

그 남자분의 목소리가 아주 자신감 있고 우렁찼다. 그 작은 공간이 다

울리고도 남아서 먼발치서 훔쳐보고 있는 내 귀에까지 들릴 정도였다. 나이는 50대는 된 듯해 보였다. 딱 보기에도 오랜 연륜이 쌓인 베테랑 영업자처럼 보였다. 한참이 지난 후 신기한 장면이 펼쳐졌다. 잘 알려지지도 않은 처음 보는 제품이 분명한데도 사람들이 하나둘씩 물건을 주문하기 시작했다. 나 같으면 절대 안 살 것 같은 물건을 남들은 구매했다. 난 글로벌 회사 제품을 갖고도 거절만 당하는데 저 사람은 도대체 어떻게 팔까?

찜질방에서 땀 흘리는 동안 내내 물건을 팔던 판매자 모습이 잊히지 않았다. 우렁찬 목소리, 자신감 있는 말투, 사람들을 쥐락펴락하는 소통은 누구나 쉽게 따라 할 수 있는 게 아니었다. 모두가 떠나고 판매자분이 혼자 남았을 때 다가가 묻고 싶었다. 만나서 얘기라도 해보고 싶었다. 하지만 부끄럽고 쑥스러워서 나도 모르게 슬금슬금 뒷걸음치며 모른 체 고개를 돌려버렸다. 지금 같았으면 멋지다며 먼저 악수를 청하고 말을 걸었을지도 모르겠다.

영업을 잘하는 사람은 매달리지 않는다. 고객에게 다가가는 게 아니라 다가오라고 되려 주문한다. 리드를 잘한다. 거절만 당하고 다녔던 내 초창기 영업 시절은 그 반대였다. 제품을 팔려고 애쓰느라 관심 없는 사람에게도 밀어붙였다. 가만히 앉아 있는 고객에게 가까이 가려고 엉덩이를 들어 내가 더 다가갔다. 그럼 고객은 더 뒤로 물러난다. 다가가면 멀어진다. 주려고 하면 달아난다. 이제 을의 영업을 하지 말고 갑의 영업을 하자. 더 당당하고 자신감 있는 사람이 되자. 거절당하지 않는 진짜 방법은 의외로 쉽다.

지금까지의
상담 방법 무엇이
문제였는가

영업하다 보면 많은 사람의 거절에 부딪힌다. 약속을 잡고 방문하려고 해도 전화를 거부하거나 바쁘다고 핑계를 댄다. 막상 방문한다고 한들 고객은 항상 생각해보겠다고 하거나 남편과 상의를 해보겠다고 한다. 나는 왜 고객을 설득할 수 없었을까? 사무실에서는 늘 열심히 하면 된다고 말한다. 열심히만 한다고 잘 못 하던 영업을 잘할 수 있을까? 왜 고객에게 거절을 당하는지 나의 상담 방법이 무엇이 문제였는지 점검할 필요가 있다.

작은딸이 겨우 다섯 살이었지만 자꾸만 영업 일을 하고 싶었다. 아이를 키우면 누구나 다 책을 사지 않을까 하는 생각으로 들어간 곳이 출판사였다. 과거에 보험 영업을 1년 정도 해봤으니 이 정도 경력이면 누구를 만나더라도 잘 팔 자신이 있었다. 의욕에 차 있었고 확신이 있었다. 그리고 꽤 인지도가 있는 유명 출판사를 택했다. 교육받을 때 들은 대로 팸플릿을 펴놓고 말만 잘하면 누구나 책을 다 사줄 것으로 생각했다. 나는 매일 열심히 출근하고 교육에도 빠짐없이 참석했다.

당시 우리 지점장님은 중학교 국어 교사로 8년 동안 재직한 경력이 있었다. 선생님이 알려주는 영업 방법이라 생각하니 그 팀에 들어오길 잘했다고 생각되었다. 더구나 우리 팀의 높은 매출을 보니 더욱더 의욕이 생겼다. 그러나 나는 몇 달 동안 한 세트도 팔지 못했다. 어느 날, 팀장이 75만 원짜리 비싼 백과사전을 팔았다고 자랑했다. 사람의 몸에서 광채가 나는 걸 본 적이 있는가? 번쩍번쩍 후광이 비쳤다. 팀장이 들고 오는 계약서는 마치 전쟁터에서 살아 돌아온 개선장군의 깃발 같았다. 그 모습을 보니 그동안 자신만만했던 나는 한 마리의 작은 개구리처럼 느껴졌다. 혹시 이 출판사는 나와 안 맞는 건가? 매출이 전혀 없던 난 스스로 그만둘 수밖에 없었다.

지금 생각하면 책 판매를 너무 쉽게 생각했던 것 같다. 책을 사지 않는 사람은 무식하다 생각했다. 자녀가 태어나면 밥을 먹이듯 전집은 당연히 사줄 것으로 생각했다. 어떻게 책을 안 사겠다고 거절할 수 있지? 나를 내치는 부모들을 이해할 수 없었다. 하지만 사무실의 다른 사원들은 매출 그래프가 쭉쭉 올라가고 있었다. 아이러니했다. '나는 못 팔고 있는데, 대체 남들은 어떻게 팔지?' 쉽게만 생각하고 덤볐던 책 영업에 내 능력의 한계를 느꼈다. 나중에야 깨우쳤다. 잘 팔아야 한다는 사실에 깜짝 놀랐다. 아, 쉬운 게 아니었구나.

그렇다면 남들은 어떻게 잘 팔까? 비결이 뭐지? 내가 파는 물건은 왜 안 팔릴까? 영업 초보의 깊은 고민을 해결해주는 사람은 아무도 없었다. 잘하고 싶은데도 불구하고 잘 안되는 게 영업이다. 지금 내 앞에 20년 전의 나 같은 사람이 나를 찾아왔다면 나도 거절했을 것이다. 상품 지식도 풍부하지 않을뿐더러 보이는 모습은 또 얼마나 왕초보처럼 보였을까? 나는 당시 우리 집보다 더 잘 꾸며놓고 사는 엄마들을 만나면 괜히 주눅이 들었다. 만나는 첫 대면에서부터 이미 지고 들어갔다. 내 마음은 이미 고객을 부러워하고 있었다. 팸플릿을 펴놓고 이야기하는 내 모습이 아직도 잊히지 않는다. 고객은 소파에 앉아 있고 나는 거실의 탁자 앞 바닥에 앉아 있다. 대부분 치마를 입었던 통에 두 무릎은 공손하게 구부리고 앉아서 설명했다. 그런 상담은 늘 보기 좋게 거절을 당했다. 돌아서 내려오는 나는 애꿎은 엘리베이터만 수없이 발길로 걷어차며 화풀이를 하곤 했다.

대부분 영업사원은 고객을 존중해야 한다고 생각한다. 나도 20년 가까이 그렇게 해야 한다고 생각했다. 맞는 말이다. 하지만 고객 존중을 잘 못하면 쉽게 무시당하는 형상이 만들어진다. 우리가 계속 거절을 당하던 신입 시절을 잘 생각해보면 정답이 보인다. 내가 공손하면 공손할수록 상대는 나를 거절하는 데 있어 더 마음 편안하게 거절할 수 있게 한다. 브랜드 인지도가 높은 곳일수록 고객은 더 높은 대우를 받기를 원한다. 영업자가 쉽게 거절을 당할 수 있는 자세를 하고 있으니 응당 고객을 탓할 일이 아니다. 그렇게 남을 우러러보며 앉아 있으니 당연히 쉽게 차일 수밖에 없다. 상담하는 자세를 조사해 볼 필요가 있다.

고객을 대할 때 자세부터 한번 바꿔보라. 상대방이 나를 대하는 모습은 기대치 이상으로 바뀐다. 내가 아는 지인의 딸은 비행기 승무원을 하고 있다. 우연히 한 번씩 마주치면 정말 아름답고 멋지다는 생각이 든다. 어깨를 쫙 펴고 걸으며 목에는 힘을 주고 있다. 걸음걸이의 폭은 일반인보다 조금 더 길다. 제복으로 치마를 입고 있으며 목에는 고정한 스카프가 걸려있다. 스카프에는 그 이름도 거룩해 보이는 항공사 로고가 새겨져 있다.

바꾸려면 제대로 배워야 한다. 만약 승무원들이 교육 이수 과정 없이 기내에 투입되었다고 가정해보자. 이륙해서 착륙할 때까지 얌전하게 있을 승객은 몇 명이나 될까? 대부분 국적이 뒤섞여 있으니 더더욱 통제하기 힘들 것이다. 영업할 때 고객을 대하는 우리의 모습도 마찬가지다. 고객은 우리의 일거수일투족을 스캔하듯이 분석해 본다. 그들은 우리가 어떤 상품을 팔고 있는지 이미 어느 정도는 알고 만난다. 만난다는 건 어지간하면 사주겠다는 마음도 깔려 있다. 애당초 관심조차 없다면 오늘 이자리에 앉아 있지도 않을 테니까 말이다. 그런데도 계약을 성사시키지 못했다는 건 상품에 문제가 있는 게 아니라 나에게 문제가 있는 것이다.

출판사 영업 초창기 때의 일이다. 아기가 있는 가정집을 방문했다. 여느 날처럼 팸플릿을 거실 바닥에 쫙 펼쳐 놓고 얘기했다. 상품 설명을 조금 듣더니 이 엄마는 부스스 일어났다. 그러더니 부엌과 거실을 왔다 갔다 하며 집안일을 하기 시작했다. 내 시선도 고객의 움직이는 동선을 따라 다니며 설명을 했다. 다행히 내가 하는 말을 단 한마디도 자르지 않고 다 듣고 있었다. 이렇게 잘 들어주는 사람도 있다니. 신이 난 나는 목소리를 더 키웠다. 왜냐면 고객이 이리저리 왔다 갔다 집안일을 하며 다 듣고 있다고 생각했기 때문이다.

'오늘은 드디어 책을 팔 수 있겠구나.' 이제 상품 설명도 거의 다 했으니 제품을 사라고 권해도 될 기회가 왔다고 생각했다. 그래서 클로징을 시도했다. 그랬더니 그동안 입을 다물고 있었던 고객이 드디어 입을 열었다.

나는 고객의 말을 듣는 순간 머리가 멍하니 시계가 멈춰지는 듯했다.

"언니, 나는 언니가 이제까지 한 말을 한마디도 못 알아들었어요."
"그럼 처음부터 말을 하지 그랬어요?"
"언니가 너무 열정적으로 이야기해서 말을 끊을 수가 없었어요"

완전히 참패를 당한 후 주섬주섬 팸플릿을 걷어서 고객의 집을 나섰다. 역시나 오늘도 거절이구나. 참패를 당하고 나왔지만 별로 이상하지도 않았다. 늘 그랬으니까.

그날 큰 충격을 받은 후 나는 나를 바꾸기로 했다. 사무실에 출근해서 한 사람, 한 사람을 뜯어보았다. 그러자 옆 팀의 여자 과장님이 눈에 들어왔다. 그분은 차분하고 항상 생글생글 웃으며 말했다. 멀리서 봐도 아름답고 우아했으며 발음은 또박또박 정확했다. 옷은 깔끔한 정장을 입었고 겉모습도 세련미가 넘쳤다. 무엇보다 나는 경상도 사투리가 심했는데 그분은 세련된 표준어를 사용했다. 그러니까 매출을 잘 올리는 거겠지? 이렇게 생각한 나는 나의 모습을 하나하나 과장님처럼 바꿔 나가기로 마음먹고 실천했다.

거절을 당할 때는 반드시 이유가 있다. 그 이유를 한번 곰곰이 찾아보

자. 나쁜 결과가 나왔던 날에 나의 말과 행동은 어떠했던가? 나는 무슨 옷을 입고 있었고 어떤 자세로 앉아 있었는지 꼼꼼히 기록해 두자. 고객을 분석하기에 앞서 매 순간 나를 분석할 줄 알아야만 한다. 나의 상담 방법 속에 어떤 문제점이 숨어 있었는가? 그걸 알아차렸다면 당신은 이미 고수의 대열에 들어섰다. 오늘의 실패 속에 나의 성공 방법이 숨겨져 있다.

고객 설득이
이렇게 쉬운 줄
몰랐다

영업을 오래 하더라도 고객은 만날 때마다 두렵다. 오늘은 매출을 올릴 수 있을까 하는 기대에 부풀어 만나지만 돌아올 때는 항상 깨지고 돌아오기가 십상이다. 고객을 설득하는 특별한 기술이 없다 보니 실패하고 돌아오는 길이 많았다. 영업을 20년 했다고 해서 크게 나아지는 것은 없었다. 요즘은 고객들이 나보다 더 똑똑하기 때문에 내 말을 귀 기울여 들으려고 하지 않았다.

어쩌다 내가 말할 기회가 있다고 해도 별로 도움이 되지 않는 듯 시큰

둔한 표정이다. 그리고는 늘 "잘 들었습니다. 생각해볼게요."라고 한다. 특히 "남편이랑 상의해볼게요"라고 하면 정말 할 말이 없다. 영업을 잘하는 사람은 어떻게 설득을 잘할까? 영업사원은 매달 스트레스를 받는다. 요즘 고객들은 오히려 나에게 정보만 쏙 빼가고 잘 들었다며 생각해본다고 한다. 이게 영업 현장의 일반적인 현실이다.

어느 날 정신을 차리고 보니 영업한 지 20년이 지나 있었다. 산다는 게 애들 대학까지만 보내면 한숨 돌리며 살 줄 알았다. 30대에 편하기 위해서 20대를 열심히 살았다. 40대에 편하기 위해서 30대 때 죽어라 하고 일했다. 40대가 되고 짧지 않은 세월이 지나 되돌아봐도 별반 나아진 게 없다. 바뀐 게 있다면 연식이 오래된 아파트 한 채가 내 재산 전부였다는 것이다. 정말 열심히 하루하루를 살았다. 앞으로도 내가 이렇게 살아야 한단 말인가? 나 지금, 몇 살까지 살아야 하는 건가? 아니 몇 살까지 일해야 하는 거지? 90세? 80세? 아니 70세까지는 일해야 한다. 갑자기 두려운 마음이 생겼다. 이대로는 안 된다.

인생 1막 2장을 위해 공부해야겠다고 결심했다. 20년 경력은 뒤로하고 천안에서 서울까지 영업과 마케팅을 배우러 다녔다. 일주일에 한 번만 가면 되는 줄 알았던 서울행 공부는 매주 4번씩 다녀야 했다. 천안에 도착하면 대부분 밤 11시가 넘었다. 시내버스가 끊기는 시간에 도착하면 택시를 타기 위해 길게 줄을 섰다. 눈 내리는 한겨울엔 정말 고통이었다. 그렇게 택시에 몸을 실으면 집에 다 왔다는 편안함 때문인지, 아니면 그제야 긴장이 풀려서인지 하품이 쏟아졌다.

나는 그제야 알아챘다. 내가 왜 그동안 거절만 당하고 다녔는지 말이다. 20년 동안 사용했던 고객과의 화법을 다 버리고 새롭게 연구를 했다. 대화법을 새로 만들었다. 내가 대화법을 만들 수밖에 없었던 이유는 우리 수강생들에게 전해주기 위함이었다. 뒤집고 만들고 뒤집고 만들고. 똑같은 공부를 4년 동안 했다. 물론 그 속에 마케팅 공부도 포함돼 있었다. 그때 나는 나의 미래 인생 설계도를 그리기 시작했다. 그 공부를 시작으로 재미를 붙였는지 지금도 공부의 끈은 놓지 않는다. 저렴하지 않은 비용 탓도 있었지만 내가 공부에 그렇게 목말라 했었다는 사실이 지금도 놀랍다. 그 공부가 초석이 되어 지금의 나를 성장시켜 주고 있다.

그쯤 지인의 건강식품 사무실에 제품을 가지러 갔었다. 차를 한잔 마시면서 나더러 요즘 아픈 곳이 없느냐고 물었다. 안 그래도 얼마 전 건강 검진을 받고 난 뒤라 의사의 말이 떠올라서 걱정스럽다고 말했다. 그 말을 듣는 순간 그분은 팸플릿 파일을 하나 꺼내왔다. 그때부터 나는 한 시간 가까이 그 사장님이 취급하는 새로운 제품의 브리핑을 들어야 했다. 듣는 내내 한마디의 말도 걸어오지 않고 혼자만 숨차게 말했다. 설명이 너무 길어 혼자서 딴생각을 했다. '왜 관심도 없는데 혼자 떠들지?' 종이 파일 넘기는 설명이 모두 끝나고 곧바로 제품을 사라고 클로징을 걸어왔다. 내 대답은 뻔했다.

"생각 좀 해볼게요~!"

'아! 이 사장님은 4년 전과 하나도 바뀌지 않았구나. 그러고 보니 나도 평생 이렇게 영업했었지.'

다들 그렇게 하고 있었고 그렇게 교육받았다. 상담 방법의 당연한 형태라 여겼다. 새로운 방법이나 기술을 가르쳐 준 사람도 없었다. 그날 나도 예전의 나의 고객처럼 꼼짝없이 듣고 있어야 했다. 너무 열정적으로 설명해주었기 때문에 미안해서 맥을 끊지 못했다. 사실, 효소 제품에 관심이 있었기에 좋으면 살 수도 있다는 마음은 갖고 들었다. 하지만 그분은 긴 브리핑 후에도 내게 그 제품에 대한 의견을 묻지 않았다. 어떤 부분이 궁금하며 관심 있는지 물어보지 않았다.

정말 제품이 나빠서 물건이 안 팔릴까? 못 팔아서 못 팔 뿐이다. 예를 들어 삼성생명 보험이 인지도가 없어서 안 팔리는 것일까? 판매 능력이 없어서 못 파는 것이다. 고객이 우리의 상품을 몰라서 못산다고 생각하면 큰 오산이다. 고객을 설득하는 건 상품 설명으로 다 되는 것이 아니다.

왜 사장님은 나에게 한마디도 물어보지 않았을까? 건강 검진 결과가 어땠는지 아니면 그것보다 더 걱정인 게 있는지 말이다. 나에겐 관심이 없는 듯 보였다. 내 아픈 몸을 걱정해주는 게 아니라 사장님의 매출을 걱정하는 듯했다. 누구도 그런 사람에겐 제품을 사주지 않는다. 그게 고가의 상품이라면 특히 더 그러하다.

상대방의 생각을 읽어야 한다. 2년 전 어느 날 내가 진행하는 토요일 강의 시간이었다. 마침 보험사에 다니는 남자분이 있었는데 이분의 화법 실력이 궁금했다. 지방에서 학원 강사를 하는 50대 수강생을 고객으로 설정했다. 고등학생이 된 두 아들을 혼자 키우는 이분에게 무슨 보험을 팔아야 할지 대화를 통해 알아내는 미션을 냈다. 실비보험 하나만 가진 이 고객에게 무얼 더 권하면 좋을지가 화두다.

두 분의 대화가 시작됐다. 가상고객에게 한참 말을 걸었다. 암 보험, 건강 종합 보험 등에 관해 열을 올리며 설명했다. 그래도 고객은 끌려오지 않았다. 시간이 길어져 일단 대화는 중단시켰다. 지켜보던 다른 사람들도 웃으며 재미있게 봤지만, 딱히 이 사람에게 무슨 보험을 권해야 좋을지 찾아내지 못했다. 바통을 이어받아 내가 보험 사원이 되어 봤다.

"만약에 보험을 더 든다면 어떤 보장에 관심이 있나요?"

"아, 저는 우리 두 아들에게 재산을 물려주고 싶어요. 하지만 지금 저는 집도 없는 형편이라 물려줄 게 없답니다. 그렇다 보니 내가 죽으면 돈을 주는 보험이 있는 걸 알고 있어요."

"아~, 네! 종신보험 말하는 건가요? 죽고 난 후 아들들을 더 잘살게 하고 싶은가 봐요?"

"네~."

"그렇다면 보험금으로 얼마 정도 타게 하고 싶은가요? 그리고 만약에 가입을 하게 된다면 현재 낼 수 있는 여윳돈은 월 얼마 정도인가요?"

"네~, 17만 원 정도요."

"그럼 그 정도 납입금으로 가입 설계서 한번 뽑아 보고, 괜찮다면 바로 가입 진행 한번 도와드려도 될까요?"

"네~! 어머나~, 이야기하다 보니, 나도 모르게 지금 바로 보험 가입하고 싶은데요? 신기해요."

이 대화엔 마술이 숨어 있다. 영업자가 가입을 권하지도 않았는데 고객은 이미 상품에 관심을 가진다. 비밀은 고객이 갖고 있던 숨은 마음을 꺼내도록 대화를 유도한 데 있다. 고객은 아들을 사랑하는 엄마 마음을 고백했다. 보험은 위험에 대비하는 상품이다. 내가 없는 세상에서도 힘들지 않고 편안하게 살았으면 하는 게 엄마다. 똑같은 상품을 가지고 누구는 거절당하고 누구는 계약을 따낸다.

'저 사람은 결국은 나를 설득 못 시켰군~! 정말 무능한 사람이군!'

고객을 설득하고 싶다고? 상대방의 생각을 읽는 방법부터 공부하길 바란다. 영업자 혼자 떠드는 소리는 모두 쓰레기통으로 들어간다고 생각하면 된다. 내가 좋다고 남까지 좋아할 것이라 착각하는 영업자들이 많다. 그렇게 생각하고 있다면 거절을 밥 먹듯이 당할 것이다. 옛날의 나처럼 말이다. 썩은 화법은 버리자. 썩은 나무는 수년이 지나도 썩은 나무다. 고객이 무엇을 원하는지 정확하게 파악하자. 결정은 고객이 하는 것이고 단지 그걸 도와주기만 하면 된다. 설득하려고 애쓰지 마라. 스스로 한 말에 스스로 설득돼서 사게 되는 것, 그게 영업이다.

상대방의
속마음을 모르면 계약은
실패한다

옷장에 옷은 가득한데 입을 옷이 없다. 강의 때 입을 옷이 마땅찮아 가까운 아웃렛 쇼핑몰에 들렀다. 바지에 티를 대충 걸쳐 입고 옷 구경을 다녔다. 집에서 입던 편안한 차림이었다. 패션 감각이 없는 나는 가장 선호하는 옷이 원피스다. 아래위로 신경 써서 맞춰 입지 않아도 되기 때문이다.

어느 매장에 들어섰다. 그 주인은 나를 아래위로 쳐다보더니 편안하게 입을 평상복을 꺼내서 권해줬다.

"이거 어때요?"

"네, 뭐." 내 표정이 시큰둥하여 보이자 그 주인은 또 다른 옷을 꺼내왔다.

"이건 어떤가요?"

"아, 네."

나는 원피스나 정장을 사고 싶은데 주인은 자꾸 평상복을 꺼내 온다. 나는 속으로 '왜 나에게 물어보지도 않고 맘대로 권하는 거지?'라고 생각하며 혼자 열심히 골라보다 다른 매장으로 발길을 돌렸다. 다른 가게에 가도 역시나 마찬가지였다. 나를 아래위로 훑어보더니 비슷한 종류의 옷을 꺼내서 권했다. 그래서 나는 궁금해서 물어봤다.

"사장님은 왜 자꾸 이런 평상복 바지나 편안한 옷을 꺼내 주세요?"

"지금 입고 오신 옷이 바지에 티를 입어서 비슷한 걸 찾아드린 겁니다."

아하, 나름 센스를 발휘하여 고객을 응대하고 있었다. 하지만 내가 찾는 건 전혀 다른 종류였다.

옷 판매장에 가면 판매자의 반응은 항상 비슷했다. 내가 블라우스를 만지면 다른 블라우스 옷을 꺼내 설명한다. 원피스를 만지면 원피스를 꺼내 요즘 인기가 많은 모델을 알려준다. 치마를 만지면 각양각색의 치마들을 평가해 준다. 하지만 내게 다음과 같은 질문을 하는 사람은 단 한 사람도 못 봤다.

 "혹시 직업은 뭔가요?"
 "혹시 어떤 장소에서 어떤 사람을 만날 때 입을 옷을 찾나요?"

 어느 사람도 내가 누군지 뭐 하는 사람인지 관심 있게 물어오지 않았다. 집에서 입을 옷을 찾는지, 강의 혹은 동창 모임에 갈 채비를 하는지 내게 물어봐줬으면 좋겠다. 옷을 구매하는 이유를 물어본다면 좀 더 친해지면서 자연스레 손님과 말을 트게 된다. 왠지 더 친숙해지고 좀 더 오래 옷을 권해 줄 수 있을 것이다. 견물생심이라고 이것저것 편하게 입다 보면 나도 모르게 상품을 구매하게 된다.

 누군가에게 옷을 권할 때 '이 옷이 당신에게 잘 어울립니다.'라는 말도 좋다. 한 단계 더 나아가 이 옷을 입고 어떤 일을 하는지, 어디에 서 있는지, 누구를 만나는지, 어떤 장소에서 있는지 그것을 꼭 물어보아라. 만약, '이 옷이 잘 어울린다.', '요즘 잘 나가는 디자인이다.'라고 누구에게나 할 수 있는 말보다 '이 옷을 입고 강의장에 갔을 때 다른 사람들의 반응이 아주 남다를 것이다'라는 말을 듣게 된다면 기분이 어떨까? 그 자리에서 바로 결제했을 것이다.

옷 가게 주인을 탓할 일이 아니다. 나도 초창기에 출판사 영업사원을 할 때가 생각이 난다. 그때 방문한 고객의 자녀는 초등학교 1학년이었다. 책꽂이에는 세 가지 종류의 책이 있었는데 그중 두 세트가 과학 동화였다. 그 집 아이가 과학을 좋아해서 이 엄마는 과학 동화를 또 사주고 싶어 했다. 하지만 나는 엄마와 반대되는 생각을 하고 있었다. 초등학교 들어가면 과학만 배우는 것이 아니라 전 과목을 배운다. 영역별로 골고루 읽혔으면 하고 생각했다.

그날 수학 동화, 위인 동화, 전래 동화를 권하면서 과학 동화는 나중에 사라고 했다. 엄마는 아이가 좋아하는 과학 전집을 사주고 싶어 하는 눈치였다. 하지만 나는 책에 대해서 잘 모르는 엄마를 위한 사명감에 불타 있었다. 결국은 내 고집대로 책을 사야 한다고 권했다. 과학 동화는 이미 두 세트나 있으니 다른 영역부터 들이자고 말했다. 이것저것 다 살 형편이 안 되는 엄마는 '생각해보겠다.'라며 결정을 미루고 말았다. 아마 본인이 사고 싶은 책과 영업사원이 권하는 책이 달라 구매할 수 없었던 것 같다.

고객이 생각해보겠다는 말은 믿지 않는다. 당신이 나를 설득 못 시켰으니 그냥 가주시라는 뜻이다. 이런 날은 엘리베이터를 타고 내려오면서 후회한다. 그냥 과학 동화 한 세트만 팔고 말걸. 아니면 과학 동화를 같이 끼워 넣어서 권할 걸 그랬나 하고 오만가지 생각이 다 들었다. 괜히 쓸데없는 것들과 묶음 판매하려다가 계약을 놓쳐버렸다. 후회했지만 이미 그 집을 나온 뒤라 때는 늦었다. 이런 경우가 한두 번이 아니었다.

판매 고수들은 고객이 원하는 것부터 먼저 준다. 고수들도 그러한데 하물며 영업 초보 때는 더더욱 그래야 한다. 괜히 내 고집만 부리다가 아무것도 손에 넣지 못하고 돌아온다. 영업 초보들은 특징이 있다. 상대방의 생각을 내 페이스로 바꾸기 위해 고객을 자꾸 이기려고 한다. 자꾸 가르치려고 든다. 세일즈 기술이 없다 보니 고집스러운 자기만의 방법을 고수한다. 그게 옳다고 스스로 결론을 내린 탓이다. 논리적인 화법을 갖고 있지 않으면서 고객을 설득하려 든다면 고객은 자기를 얕잡아 본다고 착각한다. 무시당하고 있다고 생각이 드는 순간 고객의 얼굴은 차가워진다. 풀었던 짐보따리를 꾸리고 되돌아 나와야 한다.

실력이 형편없기로는 보험 회사 다니는 내 후배도 마찬가지였다. 나는 연금 보험을 별로 좋아하지 않는다. 이유는 내는 돈에 비해 몇십 년 후에 돌려받는 돈의 가치가 적다고 생각하는 개인적인 판단 때문이다. 물론 내가 여유가 있다면 충분히 가입했을 것이다. 먹고 살기 바쁜데 나의 노후를 생각하기에는 너무 빠듯한 돈이었다. 후배는 늘 종신 연금을 넣으라고 타령을 한다. 그럴 때마다 나는 혼자서 속으로 생각했다. '보험 중에 종신이 가장 수당이 많으니 권하는 거겠지? 정신 바짝 차리고 대화해야겠다.'

진짜 내 걱정을 하며 권하는 게 아니었다. 정말 나를 생각해서 권한다면 먼저 물어봐야 한다. 내가 무얼 제일 걱정하는지 말이다. 사실 난 암보험을 선호한다. 과거에 앓았던 병 때문이다. 식구들 보장은 충분하다고 생각하면서도 항상 모자란 것 같다. 병을 진단받고 난 후에 가장 걱정이었던 게 돈이었다. 치료에 들어가는 비용이 서민에겐 만만치 않았다. 다행히 예전보다 요즘은 나라의 건강보험이 잘 되어 있지만 그래도 형편만 된다면 더 가입하고 싶다. 이게 나의 속마음이다.

영업하는 사람들이 전화 오면 받기 싫은 이유가 있다. 그 사람들이 전화로 무슨 말을 할 것인지 짐작이 가기 때문이다. 영업하는 나도 고객 입장이 되는 경우가 많이 생긴다. 내가 이렇게 말을 했을 때 상대방이 어떤 생각을 할까를 생각을 해봐야 한다. 그리고 내가 생각하는 것과 다른 대답이 돌아왔을 때 왜 그런 생각을 하는지 빨리 알아채야 한다. 왜 이런 말을 하지? 상대가 하는 말의 의도를 잘 분석해보자. 분석이 잘 안 될 때 지레짐작을 하는 것은 상당히 위험하다. 나 혼자의 독단적인 생각으로 상대를 파악한다는 건 100% 계약 실패로 이어질 확률이 높다.

누구나 오랫동안 가지고 있는 철학이 있다. 어떤 부분에서 어떻게 생각하고 처리하고 싶은지 나름대로 기준이 있을 것이다. 성공하고 싶다면 상대의 생각을 정확히 읽을 줄 알아야 실패하지 않는다. 마음을 열게 하여 속마음을 꺼내 보자. 아스팔트 위에 아무리 씨를 뿌리고 물 줘봐야 싹은 트지 않는다. 엉뚱한 정성으로 시간과 에너지만 허비한다. 상담에 실패했다고 상품 연구만 하지 마라. 그럴수록 더 실패만 한다. 진짜 연구는 마음 연구이다. 고객 입장이 되면 누구나 속마음을 들키지 않으려고 마음을 단속하는 중이다. 단속을 해제해야 한다.

왜
사람들은 클로징을
못할까?

사람들은 누구나 성공해서 잘 살기를 바란다. 경제적으로 쪼들리지 않고 돈에서 해방되고 싶어 한다. 나도 마찬가지다. 지금 사는 집보다 더 넓은 집으로 가고 싶고, 은행의 대출도 없애고 싶다. 아이들에게도 좀 더 좋은 환경을 만들어주고 싶다. 괜찮은 학군에서 학원도 보내고 원하는 것도 마음껏 사주고 싶다. 하고 싶은 건 뭐든 해주고 싶다. 아이를 키우는 엄마라면 모두 다 비슷하지 않을까? 행복한 상상을 하며 실적 좋은 영업사원이 되고자 꿈꿨다.

경제적 자유를 꿈꾸며 들어간 출판사 영업은 한마디로 실패였다. 책 팔기가 이렇게 어렵단 말인가? 8개월 동안 단 한 세트의 책도 팔지 못했다. 웅ㅇ, 교ㅇ, 아가ㅇㅇ, 프ㅇㅇ 그동안 옮겨 다닌 곳만 해도 네 군데나 되었다. 무능한 나 자신이 너무 초라하게 느껴졌다. 다른 사람들은 도대체 얼마나 파는지 너무 궁금했다. 사무실 벽에 붙어있는 매출표를 훑어보았다. 그 당시 전체 사원 중 최고 매출자는 750만 원이었고 국장님은 350만 원이었다.

그러면 뭐 하나. 나는 못 파는 사람인 것을…. 나는 쓸쓸한 패잔병이 되어서 또 다른 출판사를 찾아 헤맸다. 이제는 더 갈 곳이 없었다. 그러던 차에 교차로에 주부 사원 모집 공고가 눈에 띄었다. 한국삐ㅇㅇ라는 처음 들어보는 출판사였다.

"안녕하세요? 혹시~ 사원 모집 하나요?"

마음속으로는 이제 더 이상 갈 곳이 없으니 '제발 모집한다고 말 좀 해주세요' 라고 외쳤지만, 자신이 없었다. 유명한 메이커 책도 못 팔았는데 과연 신생 회사의 제품을 팔 수나 있을까? 자신이 전혀 없었다. 머뭇거리는 내게 상담하시던 분은 우리 주소를 물어 집으로 찾아왔다. 1시간 반 동안 나의 경력과 그동안 했던 일을 쭉 물어봤던 기억이 난다. 그리고는 '내일 출근하시죠.'라고 하셨다. 우리 집까지 방문한 것에 대한 미안한 마음에 '네, 알겠습니다.'라고 말했다. 출근할 생각이 없었는데도 말이다. 이튿날 아침 전화가 왔다. 출근하는 길에 태우러 왔단다. 어제 '네~.' 라고 했던 말이 생각나 꼼짝없이 1층으로 내려갔다.

고매출을 달성하기가 이렇게 쉬웠던가? 그곳에 출근해서 나는 딱 일주일 동안 교육을 받았다. 그리고 곧바로 현장에 투입됐다. 그때 교육을 받으면서 한 가지 궁금한 게 있었다. '전에 출판사에서는 중점적으로 받았던 내용을 이곳에서는 왜 안 가르쳐 주지?' 이곳에서는 다른 곳에서 듣지 못했던 교육을 받았다. 첫 현장 영업 나가는 날부터 실장님은 나를 어느 아파트에 내려주었다. 내가 조회 후 곧장 집으로 갈까 봐서다. 체력이 바닥임에도 불구하고 꼼짝없이 붙잡히고 말았다.

한 달이 지난 후 나는 깜짝 놀랐다. 드디어 생애 첫 매출을 했다. 맙소사 750만 원이나 되는 매출을 나 혼자 했다고? 대충 17세트 정도 되는 양이었다. 어느 달은 1,000만 원 이상 매출자에게 시상이 걸려 있었다. 50만 원 상당의 하얀 까사미아 이불 세트를 준다는 것이었다. 월말이 다가오자 사무실에서 나를 따로 불렀다. 현재 950만 원이니 시상에 도전해 보라는 것이었다. 당연히 내 것이 되었다. 호텔에서나 덮을 듯한 보송하고 예쁘고 비싼 제품을 내가 타다니 꿈만 같았다.

나는 내가 왜 상품을 잘 팔았는지 그 당시에는 몰랐다. 그렇게 거절만 하던 소비자들이 나의 어떤 말에 넘어갔던 걸까? 영업은 노력만 한다고 되는 일이 아니었다. 그 당시 그 실장님을 만나지 못했더라면 어떻게 되었을까? 세월이 지난다고 상대방을 설득하는 클로징 기술이 좋아지는 건 절대 아니라고 생각한다. 누구에게 영업을 배우느냐에 따라서 결과는 완전히 달라진다는 사실을 깨달았다.

처음 책을 팔았던 집은 지금도 잊혀지지 않는다. 천안의 ○○아파트에 돌을 갓 넘은 아이를 키우는 집이었다. 고객을 앞에 두고 실장님에게 들은 대로 달달 외워서 목소리 높여 읊기 시작했다. 경상도 출신이라 목소리 하나는 크고 자신감이 있는 듯 보였을 것이다. 참고로 그때까지는 건강 책만 열심히 읽었지 유아 교육에 관해서는 여성 백과 잡지에 나오는 출산과 육아 정도의 지식밖에 없었다. 설명을 어느 정도 마치고 팸플릿을 쫙 펼쳤다. 그랬더니 고객이 놀라운 말을 하는 것이 아닌가?

"언니, 그러면 저는 뭐 뭐 사야 하나요?" 순간 내 귀를 의심했다. 생각지도 못하게 구매 의사를 보이자 가슴이 마구 뛰었다. 그래. 맞아, 다른 사람들은 돌 반지, 백일 반지를 받아왔다고 했지? 그날 엉겁결에 돌 반지, 백일 반지로 제품 3가지를 결제받았다.

나의 수강생들은 내가 처음부터 영업을 아주 완벽히 잘했을 것이라 생각 한다. 지금처럼 생생하고 활기차고 자신감 있었으리라 짐작한다. 하지만 옛날부터 만난 지인들은 나를 별종으로 기억하고 있다.

그 당시 나는 식이요법을 한답시고 못 먹는 음식이 많았다. 수술 후 육류 고기는 17년간 입에 대지 않았다. 짠 찌개 음식 또한 입에 대지도 않았다. 위가 3분의 1만 있어서 많이 먹을 수도 없었다. 그런 탓에 체력도 별로 없었고 힘도 없어 보였다.

심각하게 아파본 사람들은 알 것이다. 기운이 없을 때는 웃는 것조차도 힘들다는 것을. 한참 책 설명을 할 때 이런 말도 들었다. "언니, 정말 힘들어 보여요." 집에 와서 조용히 나의 표정을 봤다. 50~60대나 있을 이마 주름 3줄이 선명히 패어 있었다. 눈썹과 눈썹 사이의 미간 주름도 11자를 그리고 있었다. '흠~, 참깨 씨앗을 뿌려 심어도 되겠군!'이런 생각이 들 정도로 거울 속 나의 모습은 정말 한여름날 정오에 맥없이 꼬부라져 있는 한 포기 봉선화꽃 같았다. 이런 내가 영업실적이 좋았던 이유는 무엇 때문이었을까? 나도 그 당시엔 이유를 몰랐다.

세월이 흘러 2002년에 어린이 전문 서점을 개업했다. 영업사원 3년간 모든 출판사를 떠돌아다닌 힘들었던 과정이 오히려 큰 자산이 되었다.

고객이 무슨 전집을 원하든 어떤 책이든 비교 상담이 가능했다. 나의 말에는 자신감과 확고함이 있었기에 실적은 다른 서점보다 훨씬 높았다. 어느 날 과거에 근무했던 실장님의 부인이 지나다가 서점에 들렀다.

"최 사장님, 명절 때마다 우리 남편에게 고맙다고 문자 보낸다며?"
"어머, 그걸 이제 아셨어요? 당연하죠. 고맙잖아요. 실장님은 제 은인인걸요. 그분이 없었더라면 어떻게 이런 큰 서점을 망하지 않고 운영할 수 있었겠어요?"

나는 그 당시 많은 사람에게 이런 말을 하고 다녔다.

"영업에 성공하려면 그 회사에 가서 가장 잘하는 사람 밑에 넣어 달라고 말을 해라, 그럼 그 사람의 절반만 닮아도 성공할 것이다."

영업 실력이 갑자기 좋아지는 일은 어려운 일이다. 단지 노력과 열정만으로 되지 않는 게 설득이다. 많은 출판사에서 가르쳐준 화법은 고객에게 통하지 않았다. 수없이 거절만 당하던 나에게도 통하는 화법이 생긴 것이다. 누구든 영업을 하러 간다면 그 사람의 두 손을 꼭 잡고 말해줬다. 어디를 가든지 그 사무실에서 가장 잘하는 사람 밑에 넣어달라고 말을 하라고 말이다. 그 사람의 50%만 따라 해도 당신은 성공할 것이다.

클로징을 잘하려면 우선 나의 화법부터 정리해 보아라. 나라면 과연 이 말을 듣고 계약을 해줄까 하는 점검이 필요하다. 스스로 결점을 찾긴 힘들 것이다. 이때는 주위 사람들에게 피드백을 받아보자. 정말 기회가 된다면 사무실에서 가장 잘하는 사람에게 식사 대접을 해보라. 친숙을 다진 다음에 그 사람에게 한 수 물어보는 건 어떨까? 왜 내 말이 통하지 않았을까 원인을 찾아내야 한다. 화법 하나 바꾸었을 뿐인데 당신은 업계 최고가 될 수 있을 것이다.

2장

성공하는
영업은 전략부터
다르다

상담 자리에서
환영을 받을 수 있는
비결

우리는 살면서 매일매일 사람을 만난다. 때로는 만나고 싶은 사람도 있고 만나기 싫은 사람도 있다. 만나면 기분 좋은 사람이 있고 기분이 언짢아지는 사람이 있다. 어떤 사람을 만나면 기분이 좋아졌던가? 어떤 상황이었을 때 누군가와의 만남을 기대했는가?

어렸을 적 명절만 되면 유독 기다리는 사람이 있었다. 명절 때만 오시는 우리 고모님이다. 마을 어귀에 있는 언덕에 올라가서 고모를 기다렸다. 목이 빠지게 고모만 기다렸다. 그렇게 나타난 고모님은 마당에 들어서면 평상에 툭 걸쳐 앉는다. 그리고는 가장 먼저 치마 속에서 쌈짓돈 주머니를 꺼낸다.

"돈 한 닢 줄게, 우리 옥이 이리 온나." 내 눈은 오로지 돈주머니에만 관심이 있다. 그리고 드디어 용돈이 나온다. 돈을 받아 들자마자 "고맙습니다!"라고 인사를 외치고 곧바로 대문 밖으로 뛰어나갔다. 그리고는 친구들에게 자랑했다.

어릴 때는 사탕도 받고 용돈 받는 명절이 좋았다. 나를 챙겨주고 이득이 되게 해주는 사람은 누구나 좋아한다. 노심초사 기다리기까지 한다. 어른이 되어서도 기다려지는 사람이 있다. 하지만 영업 현장에서 나를 기다려주는 사람은 흔하지 않다. 오히려 거절만 당하는 사람이 되어간다. 고객이 우리를 기다리게 할 수는 없을까? 요즘은 인터넷이 발달하다 보니 오프라인에서 새 책을 팔기가 쉽지 않다. 새 책 같은 중고 책들을 너무 저렴하게 구할 수 있는 세상이 되었기 때문이다.

한번은 헌책을 팔고 싶다는 전화를 받았었다. 늦은 결혼과 늦은 임신으로 얻은 귀한 외동딸을 둔 집이었다. 방문한 고객 집의 책꽂이는 모두 R출판사의 책들로 도배되어 있었다. 여섯 살 자녀는 어릴 때부터 전집을 많이 읽혔는지 편식하는 영역 없이 골고루 좋아했다. 가지고 있던 7세트의 책을 팔고 같은 출판사의 책을 5세트 더 구매하고 싶어 했다. 작은방이 모자라 거실까지 책장들이 점령해 있었지만, 책 욕심이 있는 집이었다.

대부분 책은 판매 후 영업사원이 지도 교사가 되어 관리한다. 관리와 판매 두 마리 토끼를 다 잡으려는 본사의 영업 전략이다. 신규 고객을 개척하느니 기존 고객 관리로 매출을 일으키자는 작전이다. 그날 팔고 싶다던 7세트를 넘어 14세트를 내게 처분하고 정리했다. 책을 담으며 고객과 많은 이야기를 나누며 정보를 수집했다. 그러면서 그동안 나를 거쳐 간 고객 중에 몇 명 정도의 사연을 들려주었다. 그랬더니 바로 다음 주에 새 책 상담 날짜를 잡고 싶다고 했다. 일주일 후 현관에 들어서며 반갑게 맞이하는 고객에게 여쭤봤다.

"어머니, 그동안 관리 선생님 다녀갔죠? 텅 빈 책장보고 뭐라고 하던가요?"

"뭐라고 하든 난 신경 안 써요. 그 사람은 어차피 책 팔러 오는 건데요, 뭐."

의외의 속마음에 살짝 놀랐다.

'나도 오늘 책 팔러 온 건데…'

고객이 나를 반긴 이유는 단 한 가지다. 그날 나는 대부분 영업자와는 다른 이야기를 했기 때문이다. 똑같은 집에서 똑같은 자녀와 똑같은 상품을 두고도 상담 방법이 달랐다.

대부분 책을 팔려는 강한 의지를 들키기 때문에 고객은 부담스러워 달아나고 만다. 진정으로 고객을 생각하고 걱정하는 상담을 해야 한다. 상담에 사용하는 자료와 증거는 객관적이어야 한다. 그러면 자기도 모르게 그 그룹에 들어가고 싶어 한다. 상담자는 온전히 고객의 관점에서 미래 방향을 제시해야 한다. 상품은 그곳에 들어가야 할 당연한 품목 중 하나일 뿐이다.

재미있는 일은 1년쯤 후에 나타났다.

"안녕하세요 사장님~, 우리 아이가 읽을 책이 없어서 그러는데 추천 좀 해주시겠어요? 이번에는 중고 책으로 사려고요. 중고 사이트에서 보니 저렴하게 거래되더라고요~."

중고 거래의 신세계를 발견한 듯 흥분했다. 영업자의 처지에선 최악의 상황이다. '20년의 책 선정 노하우를 무료로 봉사해 달라니 말도 안 돼.'라는 생각을 하며 내 고객의 자녀 중에 장기간 책 읽기만으로 영재 학교에 들어간 사례를 들려줬다. 반면에 처음에는 함께 하다가 나중엔 엄마 표로 시도한 아이들의 또 다른 결과도 들려줬다. 우리 자녀에게 딱 맞는 책장 진단을 받으려면 새 책 구매 없이는 상담은 어렵다고 했다.

영업은 나의 가치를 팔아야 할 때가 많다. 왜 꼭 나를 선택하고 싶어 하는지 이유가 있을 때는 당연한 이치다. 그렇게 1년 만에 재상담차 현관에 들어섰다. 이제 남편이 책을 읽어주기 때문에 1세트씩 사야 한단다. 책장을 보니 엄마가 스스로 선정한 책들이 네다섯 세트 꽂혀있다. 전집은 아무 책이나 읽혀선 안 된다. 책은 무조건 다 좋다는 생각을 파괴해야 한다. 집안을 도서관처럼 거대하게 꾸밀 수 없고, 책만 먹고 자라지는 못한다. 자녀들도 매우 바쁘다. 그렇다면 어떻게 해야 할까?

핸드폰도 해마다 바뀌듯 입시 제도도 수시로 바뀐다. 교과서도 해마다 수정되고 보완된다. 5년 전 혹은 10년 전 교과서를 가지고 가르치는 선생님은 없다. 그래서 출판사도 여기에 맞춰 수정·보완하거나 신상품을 출시한다. 한국에는 대략 50여 개가 넘는 출판사가 있다. 위인 전집을 산다고 치자. 당신이 엄마라면 책 고르는 선택 기준을 무엇으로 잡을 것인가?

'유명해 보이는 출판사 / 똑똑한 옆집 엄마의 의견 / 맘 카페 질문 / 관

리 선생님 / 알고 지내는 학교 선생님 / 신문에 보이는 학년별 추천 목록'

　혹시 위의 방법으로 책을 선정한다면 우리 아이 책장은 실패다. 책 상담 전문가를 찾아가야 한다. 우리 아이 단 한 사람만을 위한 진단 컨설팅을 받아야 한다. 전문가란 모든 출판사 책들의 내용과 수준과 발행 시점, 난이도, 자녀들의 평균 평가도, 아이들의 호불호, 출판사의 출판 의도나 철학까지 알고 있으면 더 좋다. 가장 중요한 건 남의 아이 기준이 아닌 내 자녀만을 위한 상담자를 찾는 것이다. 무슨 책을 살 것인가가 아닌 우리 애는 어떻게 하면 좋을까 큰 그림을 그려야 한다. 이러한 이유로 고객은 내게 12세트를 구매했다. "상담을 해보니 제가 책 고르는 안목이 없다는 걸 알았어요. 이제 딴짓하지 않으려고요."라는 뿌듯한 문자가 들어왔다. 마음을 알아주니 감사했다. 영업사원은 판매자가 아니라 상담가다.

　어느 날은 간호사이면서 서울대 병원까지 치료하러 다닌다는 엄마를 만났다. 얼굴이 워낙 출중한 미인이기도 하고 겉모습도 건강해 보여 어디가 아픈 것일까 하고 아무리 물어봐도 속내를 드러내지 않았다.

　"시댁이나 친정 때문에 걱정거리라도 있나요? 아니면 남편 때문에 속상한 게 있나요?"

그제야 입을 열었다. 남편과 이혼했는데 같이 살고 싶다고 자꾸 찾아 온다는 것이었다. 그러면서 그동안 남편과의 이혼 과정을 모두 털어놓기 시작했다. 큰 병을 앓았던 나는 누가 아프다고 하면 진심으로 걱정된다. 서울대까지 가도 정확한 진단은 모르고 엄마는 온몸이 아프단다. 딱 봐도 근심·걱정 때문에 생기는 스트레스성 병일 듯했다. 그날 앉아 원래 방문했던 목적은 뒤로하고 기나긴 사연을 들어주게 됐다. 내가 귀 기울여 들어준 탓인지 별다른 설득 없이 계약을 받았다.

사람들은 언제 속마음을 열어줄까? 보통 누군가를 만났을 때 사람들은 각자 하고 싶은 이야기를 한다. 주변 사람들과 이야기를 할 때 잘 생각해 보자. 특히나 급한 일이 있을 때는 더하다. 상대방의 이야기를 듣기는 하되 내가 하고 싶은 이야기만 하는 나를 발견하게 된다. 사람들은 남의 이야기에 별로 관심이 없다. 마찬가지로 책을 팔러 오던 건강식품을 팔러 오던 본인과는 상관없는 별개의 상황이라고 생각한다. 물건을 파는 사람이 이득을 남기려고 나를 설득한다고 생각을 하지 나에게 이득을 준다는 생각은 하지 않는다.

사람들은 속마음을 들어줄 사람을 필요로 한다. 자기 일에 관심을 두길 바란다. 낯선 사람에게 섣불리 자기감정을 드러내는 사람은 없다. 고객을 항상 아주 친한 친구라고 착각하며 대하자. 일단 어색함이 없어져야 한다. 목소리와 눈빛은 진심을 담아 대화하자. 상품을 판매하는 건 그 다음 이야기다. 고객의 감춰놓은 이야기를 다 털어놓게 도와주자. 고객의 이야기를 들어주러 갔지, 내 얘기를 들어 달라고 상담가는 게 아니다. 상대방의 이야기를 들어주는 게 환영받는 비결이다.

2

고객이
80% 말하게
하라

친한 사람과 얘기 나눌 때 듣는 편인가? 아니면 말하는 편인가? 대부분 사람은 듣는 것 보다 말하는 걸 더 즐긴다. 오늘 6년 넘도록 못 만난 친구들과 저녁을 먹었다. 커피숍으로 자리를 옮겨 3시간이 지난 후에도 못내 아쉬워 담에 또 만날 것을 기약하고야 겨우 헤어졌다.

누구 한 사람이 바쁘다고 일어나지 않았다면 자정까지 수다를 떨어도 모자랄 판이었다. 나는 세 사람이 모이면 거의 듣는 편에 속한다. 신나서 얘기할 때 남의 얘기를 끊어 버리긴 쉽지 않다.

영업할 때도 마찬가지다. 내 말을 쉽게 잘 들어 주는 사람이 있다. 그 날은 이야기가 잘 풀린다. 내 앞에 앉아 있는 고객도 고개를 끄덕이며 귀를 쫑긋이 듣고 있다. 내 얘기에 관심을 집중하는 모습을 보이자 더 열 올리며 설명하게 된다. 오늘은 제품을 팔 수 있겠다고 생각하며 클로징을 밀어붙여본다. 고객은 150만 원어치나 되는 책을 살까 말까 순간 망설인다. 그래도 우여곡절 끝에 결제를 받아낼 때는 속으로 쾌재를 불렀다. 오늘은 한 건 했다는 생각에 즐거운 마음으로 내 차로 돌아왔다. 그 행복함도 잠시뿐이었다.

"언니, 그 책들 보류 좀 해주세요. 내가 무엇에 홀린 것 같아요. 다시 한번 생각해봐야 할 것 같아요."

왜 그새 마음이 변했지? 전화로 아무리 설득해봐도 막무가내다. 취소해야만 한다. 취소 이유가 이해가 되지 않은 터라 어이없었다. 하지만 결정을 받아줘야 했다. 초보 때는 몰랐지만 원인은 한 가지다. 제품을 사고 싶다는 생각이 완전히 들지 않은 상태에서 클로징을 한 탓이다.

계약 취소가 나온 경우를 가만히 떠올려보라. 영업자가 좋다고 사라고 말하는 것보다 고객이 이 물건이 정말 필요하니 갖고 싶다고 말할 때까지 기다려야 한다. 어떻게 하면 고객의 입에서 그 말이 흘러나오게 할까? 그건 의외로 쉽고 간단하다. 고객에게 말을 시켜보면 된다. 이때 주의할 게 있다. 고객과 만났을 때 처음부터 상품 이야기를 하지 말기를 권한다. 내가 초창기 영업 시절에 거절과 취소가 많았던 이유는 대부분 상품에만 집중해서 이야기했기 때문이다.

어느 날 자동차 전시장에 방문할 일이 있었다. 낚시하러 간다고 나선 남편이 교통사고가 났다는 것이다. 사거리 코너를 돌면서 어찌 된 영문인지 정면 충돌을 했다고 한다. 차의 앞부분이 완전히 찌그러져 폐차를 해야 했다. 하는 수 없이 몇 군데 자동차를 구경하러 돌아다니게 되었다. 이곳저곳의 전시장을 둘러보러 가면 항상 말끔하게 잘 차려입은 영업사원이 나를 맞아준다. 대부분 어떤 종류의 차를 보러 왔는지 물어본다. 보고 싶은 차종을 말하면 영업사원은 곧바로 그 차종을 보여주면서 차에 관해 설명해준다. 그리고 앉혀 놓고는 상품 설명을 상세하게 해준다.

"아, 네~, 그렇군요. 좀 더 둘러보고 오겠습니다. 감사합니다"

이렇게 거절하고 나온다. 돌아서 나오면 아까 그 영업자를 까맣게 잊어버린다. 차만 기억하지 사람을 기억하지 않는다는 것이다. 그 사람은 나에게 관심은 없었고 차를 팔 생각에만 관심이 있었다. 나도 마찬가지가 된다. 그는 왜 차를 바꾸려고 하는지 내게 한마디도 물어보지 않았다.

다음날 그 차종을 다시 한번 보고 싶어서 이번엔 다른 지점을 방문했다. 역시 이곳도 차에 관해서만 이야기를 나누다가 명함 한 장만 받아왔다.

상품을 팔려 하지 말고 사람의 마음부터 사야 한다. 상품을 고르는 건 이성적인 판단이고 상품을 사려고 마음먹는 건 감성적인 판단이다. 사람들은 기왕이면 내 마음을 알아주는 사람에게 사고 싶어 한다. 만약에 그 영업사원이 나에게 차를 설명하지 말고 왜 차를 바꾸려는 하는지 그 이유부터 물어봤으면 어땠을까? 나는 아마 우리 남편이 죽을 뻔했던 사고 상황을 흥분하면서 이야기했을 것이다. 차의 앞부분이 얼마나 부서졌는지 들었다면 죽지 않아서 다행이라며 떠들었을 것이다. 고객은 영업 직원에게서 관심을 받길 원하는 것이다.

영업 계약이 잘 나올 때가 있다. 그런 날은 상대방의 이야기에 귀를 기울여줄 때였다. 책 사업 20년을 한 후 중고 책 창업 교육을 시작했다. 6년이 지난 지금, 참으로 많은 사람을 배출했다. 사람들이 나를 찾아오면 가장 먼저 할 일은 그들이 누구인가에 관심을 기울이는 것이다. 어떤 사연으로 나를 찾아왔을까? 뭐하던 사람일까? 왜 이 일을 하고 싶어 할까? 나를 찾아오는 사람들 한 분 한 분이 궁금하다. 그렇다 보니 나는 참으로 많은 대화를 하게 된다. 남의 사연을 들어주고 알아가는 게 재미있다. 상대방에 대해 아는 게 있어야 도와줄 것도 생긴다. 개인 면담이든 단체 세미나든지 간에 서로 소통을 하며 알아가는 단계를 많이 가진다.

몇 달 전, 직장 다니는 남자분이 부인과 함께 면담을 왔다. 중고 책 창업 카페에 글을 읽다 보니 배우고 싶다고 했다. 이 일이 어떤 것인지 나는 설명부터 하지 않는다. 상대방이 어떤 분인지부터 먼저 알아야 하기에 많은 질문을 해봤다. 평범한 직장 월급만으로는 한 달 살기가 너무 빠듯하다는 것이었다. 자녀들은 자꾸 커가는데 해주고 싶은 것도 다 못 해준다고 했다. 이직을 고려하고 있지만, 더 좋은 곳으로 가기도 만만치 않다고 했다.

영업이라고는 한 번도 안 해본 직장인이다. 뭘 믿고 여기까지 날 찾아왔는지 물어봤다. 카페의 후기 글들을 읽어보았는데, 모두 직장인이나 주부들을 성공시키는 걸 보고 자신감이 생겼다고 한다. 왜 배우고 싶은지 어떤 이유로 하고 싶은지도 물어봤다. 상대방의 속사정을 알기 전까지는 함부로 상담하지 않는다. 3시간 가까이 충분한 면담 컨설팅을 했다. 시스템대로 잘할 수 있는지 확답을 받은 후에야 수강 등록을 받아 주었다. 병원에 가도 상담 후 치료 처방을 해준다. 영업도 마찬가지다.

내가 사소하게 아플 때 자주 가는 내과 병원이 한 곳 있다. 이 선생님은 나와 잘 통하는 것 같다. 진료 상담을 하러 갈 때마다 이것저것 상세하게 물어보신다. 표정도 온화하고 따뜻해 보여서 더 푸근하고 정겹다. 환자로 앉아 있는 나의 말을 정성스럽게 들어주신다. 진료실 문을 열고 나오면 나는 마음이 든든해진다.

정말 웃기지 않는가? 의사 선생님은 그저 내가 어디 아픈지 물어본 것뿐인데 말이다. 환자를 진료하려면 당연한 절차다. 환자가 얘기하는 걸 고개를 끄덕이며 들어준다. 그리곤 몇 마디 더 물어보고 처방을 내려준다. 환자는 의사 선생님의 처방을 고마워한다. 말을 잘 들어줬을 뿐인데 고맙게 생각한다. 하얀 가운을 입고 있으니 좀 더 믿음직하다. 정말 나를 위해 정성을 다 쏟아준 듯하여 마음이 푸근해진다.

영업 원리도 똑같다. 누구나 내 말에 귀 기울이는 사람을 좋아한다. 자기 할 말만 하는 영업자를 싫어한다. 상품 설명만 열심히 한들 아무 소용이 없다. 고객도 당연히 그 상품에 관심을 내보이지 않는다. 상대가 내 앞에 앉아 있고 대화를 하고 있다고 해서 질 좋은 대화를 하는 건 절대 아니다.

내가 말하고 있는 사이에 상대는 영업자의 속마음을 느끼고 있을 것이다. '너 나에게 물건 팔려고 하는 거잖아.' 이런 생각을 하게 된다면 당연히 상대방의 말을 귀담아듣지 않게 되고 거절할 준비를 하게 될 것이다.

오늘 고객하고 상담 약속이 잡혀 있는가? 고객의 진짜 속마음을 알고 싶다고? 그럼 이것 한 가지만 되뇌고 가자. 고객에게 80% 말을 하게 하자. 상담 베테랑이 아닌 다음에야 상당히 힘들 것이다. 나의 말이 길어지는 걸 감지하는 순간 침을 한 번 삼켜보자. 그리고 상대방에게 다시 말을 걸어주자. 나를 좋은 사람이라고 생각되는 순간 닫힌 문이 열릴 것이다.

관심사에
관해서
이야기하라

우리는 일상에서 매일 누군가와 이야기를 나눈다. 어떨 때는 시간 가는 줄 모르고 30분이고 1시간이건 계속해서 이야기하고 싶어질 때가 있다. 반대로 이 사람과는 별로 이야기하고 싶지 않아서 빨리 자리를 뜨고 싶을 때가 있다. 흥미로운 이야기를 하면 아무리 오랜 시간이 지나도 그 자리가 지루하지 않다. 심지어 다른 약속이 있음에도 불구하고 그 약속을 뒤로 미루면서까지 계속 이야기하고 싶어진다.

사람들은 어떨 때 이야기 속으로 빨려 들어갈까?

오래전에 어떤 엄마와 책 상담을 했던 적이 있다. 이 집에는 이미 3년 동안 한 영업사원이 책을 팔며 관리하고 있었다. 하지만 이 엄마는 그 책들을 처분한 뒤 새로운 책들을 집에 들여놓기를 원했다. 메이커 책 대신 나는 후발 업체 출판사, 남들이 말하는 비 메이커 책들을 권했다. 이 엄마는 내가 권해주는 '책'을 믿고 샀다. '출판사'를 보고 구매한게 아니다. 영업이나 상담할 때 제품을 선택하는 게 아니라 나를 선택하게 만들어야 한다.

상담의 포인트는 그 사람의 관심사가 무엇인지 파악하는 것이다. 그러려면 많은 상담 시간과 대화법을 적용해야 한다. 영업사원들 대부분이 고객에게 거절을 당한 이유는 상대방의 관심사를 파악하지 않은 채 나의 주장만 하다 보니 그렇게 된 것이다. 관심 끌지 못하면 흥미를 끌지 못한다. 이야기가 지루하게 느껴질 것이며 곧 딴생각하게 된다. 흥미가 떨어진 사람들은 빨리 그 자리를 벗어나고 싶어 한다.

나는 그날 엄마에게 책을 팔려고 애쓰지 않았다. 공부를 잘해야 한다, 성적이 좋아야 한다, 책을 많이 읽어야 한다고 주장한 것도 아니었다. 내가 20년 가까이 책 상담을 해준 고객 중에서 영재 교육원에 입학하거나 특출났던 자녀들의 비결을 몇 명 꼽아서 들려주었을 뿐이었다. 그리고 그들은 나와 어떻게 상담했고 부모들은 어떻게 따랐는지 들려줬다. 그렇게 자란 아이들이 나중에 어떻게 잘 성장했는지 대화를 나누었다. 내 앞의 엄마는 아주 흥미로워했고 내가 권하는 책을 사는 것은 당연했다. 내가 사용한 상담 방법은 엄마들이 정말 관심 가질 만한 흥미로운 이야기를 들려주었던 것뿐이다.

중고 책 창업 교육도 처음에는 마찬가지였다. 당시 나는 천안에서 서울로 공부를 하러 다니고 있었다. 그때 나는 미래에 대해 상당히 고민하고 있었다. 영업한 지 벌써 20년이 지났는데 아직도 내 삶은 달라지지 않고 있었기 때문이다. 이대로는 안 되겠다 싶어서 온라인으로 들어가기로 마음먹었다. 그때 만난 스승님이 계신다. 어느 날 이런 질문을 드렸었다.

"제가 평생 새 책 판매와 중고 책 유통 사업을 해왔어요. 저는 앞으로 무얼 하면 좋을까요?"

스승님은 두말하지 않고 단박에 말씀을 하셨다.

"중고 책 사업을 한 번 가르쳐 보시죠."
"회장님, 안 될걸요? 도대체 무엇부터 가르쳐야 이 일을 할 수 있죠? 아마 1년을 해도 못 할 걸요? 내 친구 정숙에게 알려줘도 못했는데요…."

그 친구는 출판사 영업 17년 경력이 있는 친구였다. 심지어 국장까지

한 친구다. 그 친구를 도와주고 싶어서 중고 책을 사고파는 일을 무료로 가르쳐 주려고 했던 적이 있었다. 여자가 하기에는 힘이 좀 들지만, 잘만 하면 수입이 된다는 말에 흔쾌히 배우겠다고 했다. 고객 집에 방문할 때마다 함께 다니며 보여줬다. 세 번 정도 따라다니더니 친구는 어느 날 자기는 못 하겠다는 것이었다. 아니, 왜 못한다는 것이지? 난 친구의 다음 말을 듣고 깜짝 놀랐다.

"세 번 함께 따라 다녀보니 고객들의 마음을 이해 못 하겠어. 그 엄마는 너를 처음 만날 때 분명히 책 가격을 많이 받고 싶어 했단 말이지. 한데, 너의 어떤 말 때문에 생각이 바뀌어서 그렇게 싸게 넘기는지 이해가 안 돼. 옆에서 아무리 봐도 그 이유를 모르겠어"

나는 어안이 벙벙해졌다.

"모른다고? 너 따라다니며 다 봤잖아. 네가 모르면 누가 아니? 심지어 넌 영업 조직도 운영한 베테랑이잖아."

그랬기 때문에 스승님이 중고 책 유통 사업을 가르쳐 보라고 했을 때 나는 손을 내저었다. 스승님은 "그럼, 강의를 한번 해보시죠."라고 하는 것이 아닌가? '뭐라고? 강의라고? 내가 사람들을 가르친다고?' 나는 그 말에 심 봉사 눈 떠지듯 눈앞이 갑자기 환하게 밝아 왔다.

사실 나는 초등학생 때부터 학교 선생님이 되는 게 꿈이었다. 갑자기 가슴이 두근거렸다. 내 인생 최대의 관심사였기 때문이다. 누군가를 가르칠 수 있다니 정말 생각만 해도 가슴이 벅찼다. 조금 전까지 그 일은 아무리 가르쳐도 아무도 못 할 거라고 강하게 주장하던 나의 입은 꿀 먹은 벙어리가 됐다. 그리고는 나는 이렇게 말을 하고 있었다. "네, 알겠습니다. 한번 해보겠습니다."

나의 평생 소원은 선생님이 되는 것이었다. 성인들을 가르치는 일이 매력적일 것으로 생각했다. 사업을 가르치고 돈을 벌어 보라는 제안은 거절했지만, 강의를 해보라는 제안에는 귀가 번쩍 뜨였다. 나는 당시 컴맹이었다. 온라인에서 결제하는 것도 잘할 줄 몰라서 큰아이에게 모든 부탁을 하고 있었을 때였다. 그랬던 내가 네이버 카페를 개설하고 블로그를 쓰기 시작했다.

인터넷은 평생 검색만 하는 곳인 줄 알고 살았는데 내가 그곳에 둥지를 틀어야 한다니 모든 것이 힘들었다. 하지만 나는 멈출 수가 없었다. 너무 재미있었다. 지금 생각하면 그때의 그 용기가 대단했던 것 같다. 사람에겐 누구나 간절히 원하는 관심사가 하나씩은 있기 마련이다. 그게 무엇이든지 간에 그 주제를 가지고 이야기할 때는 누구나 눈빛이 순간적으로 반짝반짝 빛이 난다.

영업도 마찬가지라고 생각한다. 상대방의 관심사만 잘 파악 한다면 고객을 쉽게 설득할 수 있다. 얼마 전 40대 주부가 〈노랑반디 지식창업 연구소〉를 찾아왔었다. 이분과 10년 안에 이루고 싶은 버킷리스트에 관해 이야기를 나누게 되었다. 유독 외제 자동차를 가지고 싶어 하는 이유를 물어보았다. 한동안 조용한 성격인 줄 알았던 이분은 격양된 목소리로 고백했다. 오래된 친구가 밥을 먹자고 해서 반가운 마음으로 약속 장소에 나갔다고 한다. 오래간만에 나타난 이 친구는 외제 차를 뽑았다며 드라이브를 시켜 줬다고 한다. 밥 먹자는 것은 핑계였고 자랑만 온종일 듣고 왔다는 것이다. 이 친구와 학교도 같이 다녔고, 심지어 결혼 후 사는 것도 비슷했는데, 그런 친구가 외제 차를 몰고 와서 배가 아팠다고 했다.

이분은 생활고에서 벗어나고 싶어서 중고 책 사업을 배우러 왔다고 했다. 남편의 월급에 맞춰 살기는 힘들다는 것이었다. 하지만 나와의 몇 시간 동안 컨설팅을 끝냈을 때는 이 친구의 관심 목표는 '돈을 더 벌고 싶다'에서 '돈을 벌어서 그 친구가 타고 있는 외제 차를 자기도 꼭 뽑고 싶다'로 목표가 구체화 됐다. 목표가 생겼으니 당연히 수강 등록을 하고 갔다. 상담 중에 고객의 관심사를 건드려 주어라. 어떤 부분을 흥미 있어 하는지 고객의 강한 욕구를 파악하라. 상대방에게 말을 시켜 본인의 이야기를 하게 하여라. 누구나 이루고 싶은 꿈이나 목표가 있을 것이다. 도전정신을 건드려 주면 상대는 이 상담에 몰입하게 된다. 본인이 이루고 싶은 목표가 생겼을 때 사람들은 스스럼없이 행동하게 된다. 이러한 마음 상황에 놓였을 때 무언가 구매할 때는 본인이 스스로 결정을 내렸다고 생각한다. 상대방의 관심사를 건드려서 상담하는 방법을 연구하라. 고객의 구매 취소는 절대로 일어나지 않을 것이다.

4

영업의
고수들은 상품 설명을
하지 않는다

냉장고를 바꿀 때도 선택기준이 있을 것이다. 얼마 전 친구가 가전제품을 바꾼다며 함께 구경하러 가자고 했다. 윈도쇼핑도 즐길 겸 함께 하이마트에 들렀다.

요즘 냉장고들은 유명 예술품 처럼 색상부터 눈길을 사로잡았다. 손잡이를 잡고 열었다 닫았다가 해보고 서랍들도 죄다 열어본다. 정리 안 된 우리 집 냉장고 보다가 텅텅 비어있는 깔끔한 신상품을 보니 나도 모르게 사고 싶어졌다. 뭘 고르면 좋을까? 5가지 모델들을 먼발치서 째려보듯 비교했다. 어느 색상이 가장 예쁠까?

우습게도 냉장고 선택 기준은 기능이 아니었다. 요즘 유행하는 예쁜 문짝 디자인 색깔이었다. 어떤 게 우리 집이랑 더 잘 어울리지? 직원은 신상품의 제품 기능을 설명했지만 중요하게 들리지 않았다. 판매자는 우리에게 냉장고의 성능은 얘기할 필요가 없었다. 문짝의 색상과 재질감과 그에 따른 제작비의 차이를 설명해 줬다. 왜냐하면, 냉장고의 겉 디자인이 고객인 내 마음을 사로잡았기 때문이다. 차라리 집에 있는 냉장고의 문짝만 바꿀 순 없을까 하는 생각도 들었다.

우리 집엔 어떤 색상이 좋을까? 집에 와서도 한동안 그 생각뿐이었다. 특정 제품마다 고객 공략 포인트가 있다. 유명 가전 회사는 주부 고객의 심리를 잘 파악한 듯하다. 여자들은 예쁘고 화려한 걸 좋아한다. 거기다 세련되게 집안과 잘 어울리게 만든 냉장고 겉모습은 주부들 눈을 혹하게 했다. 새 상품의 기능 부분보다 외관을 더 부각하는 공략을 했다. 여심 저격을 노리는 신의 한 수였다. 고객을 한꺼번에 끌어당기는 마법은 영업 현장 곳곳에 있다.

초보 영업 시절엔 상품 설명의 포인트를 잘 모른다. 사무실에서 들은 온갖 방대한 지식을 모두 고객에게 전달하려 애쓴다. 내가 건강식품을 판단시고 잠깐 몸담았을 때도 그랬다. 건강식품 설명할 때 고객들이 가장 마음에 안 들어 하는 부분이 뭔지 아는가? 이걸 눈치채지 못한다면 무슨 영업이든 사업이든 당신은 아직 초보다. 그건 바로 아무에게나 다 좋다고 말하는 것이다. 자회사 상품은 뭐든 다 최고라는 말에 상대방은 거부감을 느낀다. 자사 상품에 대한 장점만 얘기할 게 아니라 단점도 대화 속에 넣어야 한다. 그래야 신뢰를 두텁게 쌓을 수 있다.

장점 아홉 개를 이야기할 때 단점 한 개 정도는 넣어야 한다. 예를 들면 "우리 회사 종합 비타민은 국내산보다 조금 크답니다. 그렇다 보니 목 넘길 때 조금 불편할 수 있는데 괜찮으세요?" 라던가 "제품이 잘 팔리다 보니 곧바로 배송이 안 되는데 기다려 줄 수 있으신가요?"라는 식이다.

이 정도쯤이야 하는 문제를 몇 개 정도 얘기해서 '그 정도쯤이야 참을 수 있다'라는 반응을 받아야 한다. 그래야 본인이 진즉 걱정하고 있던 부분들이 파묻힌다. 예를 들면 이런 걱정들이다. '지금 먹고 있는 것도 있어서 바꾸기 귀찮은데 어떡하지!', '아는 안면에 안 사 줄도 없고 정말 난감하네'라는 생각을 하고 있을 것이다.

이럴 때 제품의 단점 몇 가지를 고백한다면 누구나 쉽게 괜찮다는 말이 튀어나온다. 그럼 제품 구매로 이어지기가 훨씬 쉽다.

건강식품을 먹고 안 좋았던 부분이 어떻게 좋아지는지는 최대한 짧게 얘기해야 한다. 고객들은 이 제품이 나의 몸에서 어떠한 원리로 작동하는지는 관심이 없다. 머리 아픈 지식보다 더 관심 있는 게 있다. 제품의 성분보다는 건강해지고 난 뒤 더 멋지고 행복한 삶의 모습을 원한다. 그리고 다른 사용자들의 반응이다. 고객의 이러한 마음을 살피지 않는 것, 많은 영업자가 고객과 대화에서 실패하는 이유가 바로 그것 때문이다.

누군가에게 물건을 권할 때 자기 기준으로만 생각한다. 내가 이 제품이 좋으면 상대방도 좋을 것이라는 착각에 빠진다. 나 또한 그랬다. 건강이 좋지 않았을 때 나의 온 신경이 건강 걱정에만 쏠려 있었다.

남들과 식사할 때는 아무것이나 생각 없이 먹는 사람을 걱정했다. 하지만 사람들은 건강에 대해 나처럼 심각하게 생각하고 있지 않았다. 생각도 없는 사람을 붙들고 제품 얘기를 하고 다녔다. 팔리기도 했지만, 가끔 약장수 취급하듯 귀찮아하기도 했다.

그때는 영업은 다 그렇게 하는 줄 알았다. 사실 우리 대부분 영업자는 그렇게 상품 설명을 하며 제품을 권하고 다닌다. 그러니 팔릴 리가 없다. 어떤 상품이나 제품을 팔 때는 그 사람이 무엇을 걱정하고 있는지부터 파악해야 한다. 간을 걱정하는지, 눈이 안 좋은 걸 걱정하는지, 무릎이 안 좋은지를 먼저 파악해야 한다. 마음속으로 염두에 두고 있는 게 무엇인지까지도 알아봐야 한다.

영업사원과 고객의 마음은 항상 정반대이다. 영업을 다니다 보면 조회가 끝나기가 무섭게 고객에게 전화를 돌리게 된다.

"안녕하세요? 누구 누구님~. 조금 있다가 방문하려고 하는데 집에 계실 거죠?"

이렇게 약속을 잡고 부랴부랴 고객 집으로 향한다. 고객 집으로 향하는 내내 머릿속에는 '오늘은 이 집에 가서 꼭 계약해야지.', '이번 달 아이들 학원비며 대출금도 내야 하는데 오늘 계약은 꼭 성공했으면 좋겠다.', '우리 팀원 중 어떤 사람은 벌써 월말 매출을 다 마쳤는데 그러고 보니 나는 아직도 시작도 못 했네.'라는 등의 생각을 하고 약속 장소로 간다.

나를 기다리는 고객은 그동안 어떤 생각을 하고 있을까? '이 영업사원이 오늘 나에게 와서 분명히 물건을 팔려고 할 거야. 마음에 들지도 않고 비싼 물건을 내밀고 자꾸 강요하면 어떡하지?', '그때는 뭐라고 해야 할까?' 벌써 거절할 준비를 단단히 하고 있다. 이렇게 쉽게 넘어가지 않겠다는 방어 태세를 갖추고 우리를 기다리고 있다.

팔아야 하는 영업사원과 아무거나 함부로 살 수 없는 고객 간에 신경전이 벌어진다. 고객과 상담할 때 이 부분을 상당히 신경 써야 한다. 우리가 물건을 팔려고 애쓰는 그 마음을 절대로 들켜서는 안 된다는 것이다. 마음속으로는 꼭 이 제품을 팔고 싶다는 간절한 마음을 가지고 있다고 하더라도 속내를 들키는 순간 고객은 자기가 봉이 되었다고 생각한다. 사람들은 내 덕에 누군가가 이득이 되는 모습을 별로 좋아하지 않는다. 어떻게 해야 나에게 이득이 된다기보다 고객에게 더 큰 이득이 된다는 생각을 하게 할까?

상품 설명만 하거나 브리핑만 하는 영업 방법은 그래서 좋지 않다. 이 방법은 고객들에게 상품의 비교 능력만 키워주게 된다. 사람들은 가끔 내게 묻는다. 출판사 영업 8개월 동안 실적이 없다가 5번째 회사에서 1000만 원 이상의 매출을 올릴 수 있었던 이유를 궁금해하곤 한다. 내가 B 출판사로 옮겼을 때 그랬다.

8개월 무실적이었을 때 내 모습은 영락없는 패배자였다. 난 책으로는 도저히 안 된다는 마음을 가지고 새로운 곳에 출근했다. 책 영업은 거의 포기 상태였다. 더는, 갈 곳이 없었기 때문에 출근한 것이었다. 신입 교육은 딱 일주일이었다. 회사 사무실 한편에 비치된 자사 제품은 단 한 권도 꺼내지 않고 교육했다. 전집의 품목은 팸플릿에 있어서 알았지만, 책 내용과 난이도와 자사 제품이 왜 좋은지도 전혀 가르쳐 주지 않았다. 이상하고 아이러니한 교육이었다.

상식적으로 이해가 되지 않았다. 그리고 비상식적인 일이 곧바로 실적으로 나타났다. 첫 달에 17세트 정도 되는 책을 팔게 된 것이다. 신기했다. 매일 듣던 '생각해볼게요.', '나중에 살게요.', '남편이랑 상의해야 해요.', '돈이 없어요.'라고 말하는 이런 반응이 아니었다. "그럼 우리 애는 뭐 뭐 해야 하나요?"라는 말을 하는 게 아닌가? 순간 귀를 의심했다. 이런 반응을 잘 뜯어보면 이렇다.

'상품 설명이 빠져 있어서 궁금해요. 그렇다면 우리 아이에게 가장 좋은 상품이 뭔가요? 당신이 가진 것 중에서 보여주세요.' 하는 의미가 숨어 있다. 영업 초보도 누구나 고매출을 할 수 있다. 사람을 설득하는 데는 많은 상품 지식이 필요 없다. 상품 지식은 고객 설득에 오히려 방해만 된다.

왜 유아교육을 책으로 해야하는지 이야기 한다. 수많은 학자와 그 주장을 따랐던 엄마들의 데이터를 들려준다. 잘된 경우와 실패한 교육에 관한 주장의 근거를 댄다. 양 갈래 길의 기로에 서 있는 고객에서 선택권을 준다. 미래를 상상할 수 있는 대화가 잘 진행되었다면 고객도 이제 참

여하고 싶어진다. 계약 의사를 밝혀온다. 상품 지식은 매출에 아무런 도움이 안 될 때가 많다.

비밀을
공유하면 확실한
동지가 된다

가슴이 답답한 이 순간 당신은 누구와 이야기를 풀고 싶은가? 그동안 내 이야기를 잘 들어줬던 사람이 떠오를 것이다. 그 사람은 나의 이야기를 귀 기울여 들어주고 해결책도 제시해주고, 맞장구를 쳐줬다. 사람들은 그런 사람을 좋아한다. 심지어 내 비밀을 들어준 사람이라면 어떠한가? 당신은 그 비밀 이야기를 또 다른 사람에게 가서 이야기할 것인가? 아니면 내 이야기를 들어줬던 그 사람에게 가서 또다시 고민을 나눌 것인가? 우리가 누군가와 고민을 나누게 되는 순간 두 사람의 사이에는 상당한 결속력이 생기게 된다.

결속력을 생각하면 어릴 때 몇몇 사건들이 떠오른다. 그중에서도 단연코 뺄 수 없는 게 친구들과 함께 저지른 사건들이다. 어렸을 때 남의 물건에 손댄 적이 있다. 아주 긴장감 있고 짜릿한 경험이었다.

초등학교 4학년 때 우리 동네에 나와 또래 친구 세 명은 어느 날 물건을 훔쳤다. 가게에 들어가서 껌이나 귤 같은 작은 물건들을 훔쳤다. 주인의 눈을 피해서 몰래 훔치다 보니 나중에는 성공의 기쁨까지 느꼈다. 우리는 서로 훔친 물건을 자랑했다. 정말 하면 안 되는 일이지만 그때는 어린 마음에 안 들켰다는 기쁨만 있었다. 이 비밀은 우리 셋만 알았기 때문에 세 명만 몰려다녔다. 그러다가 주인에게 붙잡혔고 우리는 손이 발이 되도록 싹싹 빌었던 기억이 있다.

지금도 만나면 그때 사건은 핫이슈다. 손바닥으로 하늘을 가릴 수 있다고 생각했던 때였다. 기억도 잘 나지 않는 그때 얘기를 꺼내면 배꼽 잡고 웃는다. 공통의 관심사는 오랜만에 만나는 어색한 자리에 웃음을 불어넣는다. 신혼 초에 아주 뜸했던 친구에게서 전화가 왔었다. 받아보니 남편이 본인과 안 맞는다는 고민이었다. 처음에는 위로를 해주며 끝까지 들어줬다. 하지만 한 달, 두 달이 지나도록 무슨 일이 있을 때마다 전화가 왔다. 사랑한다는 말도 자꾸 들으면 지겹다는데 남편 싫다는 말은 이젠 그만 듣고 싶어졌다.

상대방과 공감을 얻지 못하는 대화는 소음 공해다. 그런 친구의 전화는 피로도만 쌓이게 했다. 『돈을 부르는 말버릇』의 저자 이야기처럼 쓰레기를 한껏 받아든 느낌이다. 불평불만 혹은 기분 안 좋았을 때 하는 이야기를 저자는 쓰레기라고 했다. 좀 더 심하게 표현하면 오물이 입에서 나온다고 표현했다. 이런 자기계발서가 20년 전에 내 손에 쥐어졌다면 얼마나 좋았을까?

어찌 됐든 비밀은 끈끈함을 만든다. 연애도 너와 나만의 비밀이다. 귤 훔치고 껌 훔치던 일도 우리만의 비밀이다. 사람들은 공통의 관심사가 있을 땐 뭉친다. 왠지 나의 편을 들어주는 것 같은 기분이 든다. 하지만 긴 대화를 했음에도 불구하고 동감을 못 얻을 때가 많다. 어느 한쪽만의 관심사일 때가 그렇다. 그리고 그게 심한 감정이나 혹은 금전과 연결돼 있을 땐 더욱 그러하다.

비단, 슬프거나 가슴 아픈 이야기만 해당하지 않는다. 어떤 사람의 성공담을 들어주기만 해도 아주 가까운 사이가 될 수 있다. 예전에 사무실을 얻어 입주하게 됐을 때 얘기다. 그곳은 한 사무실당 주차 공간을 한 개만 무료로 허용해 줬다. 나에게 컨설팅을 받기 찾아오는 사람들은 시간당 천 원이라는 주차료를 내야만 했다. 컨설팅은 3~4시간은 걸리기 때문에 손님에게는 꽤 부담스러운 금액이라고 생각했다. 그래서 관리실을 찾아갔지만, 관리실 직원들은 규정만 이야기할 뿐 무료 주차는 되지 않는다고 했다.

그 건물은 막 입주를 시작하는 건물이었다. 내가 보기엔 주차장도 텅텅 빈 상태로 있을 때가 많았는데, 복잡하지 않은 주차장에 그냥 주차할 수 없을까 하는 아주 단순하고 무식한 생각으로 찾아갔다. 나중에 들어보니 시설 관리소에서 주차 요금을 받아 빌딩 관리비에 일정 수익을 내고 있다는 걸 알 수 있었다. 마침 관리소 직원들과 실랑이를 하고 있을 때 관리소장님이 들어 오셨다. 나는 따로 면담을 요청했고 관리소장실로 옮겨 이야기를 나누게 되었다.

처음에 나는 내가 왜 여기에 찾아왔는지 이유를 이야기했다. 그러다가 이야기의 방향이 소장님으로 바뀌게 되었다. 이야기를 듣다 보니 그분이 대단한 자산가라는 것을 알게 되었다. 내 눈앞에 앉아 있는 사람이 어마한 자산가라는 것이 믿기지 않았다. 나는 성공한 사람들의 마인드가 궁금해서 많은 질문을 했었다. 어떻게 그런 재산을 쌓을 수 있었는지 그분의 과거부터 현재까지 다 들을 수 있게 되었다. 어떤 새로운 비법이나 성공의 방법이 있지 않을까 생각하고 그분의 삶의 이야기를 경청해서 들었다. 그러다 어느덧 2시간이 흘러 일어서려고 마음을 먹었는데 이분은 이야기를 멈출 생각이 없어 보였다.

재미있는 얘기를 듣는 동안 30분이나 더 흘러갔다. 주차 문제에 관한 이야기는 5분도 하지 않았다. 일어나려는데 그분은 이렇게 말했다. 많은 입주자가 있으니 누구 한 사람의 편의를 봐주기는 어렵지만 내 사무실은 얼마간 편의를 봐 주겠다고 했다. 그 마음만으로도 정말 감사했다. 누군 가의 성공담을 직접 듣고 동기부여 받은 것만으로도 가슴 가득히 감사와 기쁨을 안고 돌아왔다.

사람들은 누구나 자기의 이야기를 하고 싶어 한다. 특히 힘들고 어려운 이야기도 그렇지만 자신의 그동안 살아온 성공담도 들려주고 싶어 한다. 상대방이 잘 들어주기만 한다면 밤새도록 이야기해도 아마 끝이 없을 것이다. 사람들은 어떤 사람을 좋아할까? 내가 힘들다고 말을 해도 다 들어주는 사람, 내가 가끔 화를 내도 다 들어주는 사람이다. 내가 조금의 잘못을 해도 그럴 수 있다고 괜찮다고 말을 해주는 사람이다. 언제나 나의 편이 되어서 지지를 하는 사람이다. 대부분 부모님이나 가족들일 것이다.

영업할 때도 사람들은 제품에 관한 이야기는 그만해야 한다. 자신의 힘들었던 이야기나 성공했던 이야기를 들어주는 사람을 더 좋아한다. 가만히 들어 주기만 하고 고개만 끄덕였을 뿐인데 나를 좋아하게 된다. 서로 마음이 통한다고 생각을 하게 되면 어떻게 될까? 나의 속마음을 다 들어준 사람에게 미안해서라도 앞에 있는 영업사원이 원하는 것을 들어주려고 한다. 그것이 계약서라도 말이다.

얼마 전 보험 회사에 다니는 내 친구가 월 납 보험료 100만 원짜리 계약을 체결했다고 기뻐했다. 보험에 가입한 사람은 어느 중소기업 대표이사였다고 했다. 그날 가입 설계서를 뽑아서 미팅하러 갔단다. 어떻게 하면 계약을 따낼까 하고 무척이나 고민하고 만나러 갔었는데 의외로 쉽게 사인을 받아냈다고 한다. 그 친구가 계약을 따낸 방법은 의외였다. 그 사장님이 하는 이야기를 계속 맞장구쳐주고 웃어주는 것밖에 없었다고 했다. 사장님이 일요일 날 골프 라운딩을 하러 갔던 이야기를 신나게 했단다. 운이 좋았던지 마침 홀인원을 했다는 이야기도 하면서 대표이사가 1시간 넘게 하는 골프 이야기를 들어 줬단다. 보험 이야기는 꺼내지도 않았다고 한다. 골프 이야기를 다 마친 대표이사는 갑자기 정신이 들었는지 이런 말을 했다고 한다. "왜 왔지? 아~, 참~! 오늘 보험 때문에 왔지? 그래서 내가 하면 되는 게 뭐라고? 여기 사인하면 된다고?" 이렇게 쉽게 사인을 받았다고 한다.

이런 얘기를 경력이 오래된 베테랑들에게 들려주면 반응은 이렇다.

'당연한 얘기 아냐?'

영업 초보들에게 들려주면 뭐라고 할까?

'우와, 정말 그게 가능해요? 그렇게 해도 계약이 되다니 놀라워요~!'

누군가가 나를 좋아하게 만드는 방법은 참 쉽다. 영업 현장에서 처음 만난 낯선 사람도 나의 동지가 될 수 있다. 고객의 관심사에 대해 들어주라.

'이 얘기는 누구에게든 꼭 풀어놓고 싶어요'를 찾아내라. 그들이 진지하게 이야기할 때 경청해주고 공감해주어라. 다정하게 손을 잡고 같이 아파해주고 인정의 말을 해주어라. 살면서 성공했던 이야기를 하면 진심으로 축하나 위로를 해주어라. 영업사원 중에는 내가 하고 싶은 말이 더 많아 말이 많은 사람이 있다. 상대방의 말을 끝까지 들어주고 말을 끊지 말아야 한다. 내 이야기를 하는 것에 관심 두지 말고 상대방의 이야기를 더 들어주라. 계약서에 사인을 더 쉽게 받을 수 있는 비결이다.

끌리는 화법은
고객의 닫힌 문을
연다

사람의 마음을 움직이는 것은 쉬운 일이 아니다. 누군가와 대화할 때 나의 충고는 상대방에게는 그저 잔소리가 될 때가 많다. 상대의 말이 전적으로 옳거나 별 도움이 안 된다고 생각하기 때문이다.

우리는 정보의 홍수 속에 살고 있다. 대화를 나눴을 때 그 대화가 정말 유익했다고 생각한 적이 몇 번이나 있었을까? 친구를 만나거나 지인을 만났을 때를 가만히 한번 생각해보자. 내가 그 사람의 말을 참고했다기보다는 내 생각을 반박하기에 바빴지 않았던가?

얼마 전, 아는 후배에게서 전화가 왔다. 오래간만에 전화가 와서 반가운 마음에 전화를 받았다. 전에 하던 보험을 그만두고 지금은 분양 사무실에서 일한다고 했다. 평택 지역의 주택 조합 아파트를 분양하는데 신청을 해보라고 하는 것이다. 당첨되면 전매를 하고 차액을 천만 원 정도 챙길 수 있다고 말했다. 갑자기 전화가 와서 끈질기게 설명을 하는 통에 전화를 쉽게 끊을 수가 없었다. 나는 당연히 관심이 없다고 말했지만, 이 후배는 계속 아파트 이야기만 했다. 전화 통화를 듣고는 있었지만 이미 내 마음은 전화를 끊은 것과 다름없었다. 평생 영업을 하고 있지만, 가끔 나에게도 영업하는 지인들이 연락이 온다. 이야기를 나눠보면 대부분 자기가 취급하는 물건이나 상품을 권하기에 바쁘다. 그런 이야기를 나누다 보면 이런 생각을 하게 된다. '내가 왜 이 사람의 물건을 사줘야 하지?' 내가 꼭 손해를 보는 것 같고 상대방에게 수익이 모두 돌아가는 것처럼 느껴질 때가 있다.

상품을 이야기하는 모든 것이 영업이다. 지인이라고 내 말을 다 듣고 따라주는 건 아니다. 영업할 때 꼭 명심해야 할 부분이 있다. 이 제품이 상대방에게 어떤 이득이 있는지 생각하여야 한다. 고객의 이익을 기준으로 생각하지 않으면 상대방은 나의 말을 절대 귀 기울여 듣지 않는다. 특히 전화로 영업할 때, 할 이야기와 하지 말아야 할 이야기가 분명히 구분되어야 한다.

영업사원들이 전화 통화에서부터 거절을 당하는 이유가 있다. 전화 통화에서는 상대방에게 어떤 이득이 있을 만한 가치 있는 일이 있다고 살짝만 언질을 주면 된다. 전화 통화의 주목적은 바로 나를 꼭 만나고 싶게 하는 것이다. 전화로 나의 상품을 다 설명을 해 버리면 상대방은 절대로 나를 만나러 오지 않는다. 그 물건을 지금 당장 사지 않으면 없어질 상황이 아니면 말이다. 내가 관심 가지는 것을 상대방에게 권할 게 아니라 내 상품에 상대방이 관심을 가지게끔 해야 한다.

상대방의 마음을 바꾸려면 어떻게 해야 할까? 특정 출판사의 책으로 집을 도배하고 있는 집을 상담한 적이 있었다. 보험이든 책이든, 사람들은 보통 한 사람을 믿으면 계속 그 한 사람을 믿고 거래를 한다. 이것저것 다 써보고는 싶지만 귀찮고 또 책에 대해 잘 알지 못하다 보니 영업사원을 전문가라 생각하고 믿고 맡기게 된다. 내가 만났던 이 엄마도 그런 경우였다. 초등학교 5학년인 외동딸을 키우고 있었다. 이 엄마는 아이를 똑똑하게 키우고 싶어 했다.

이 엄마랑 이야기 나눴던 것은 내가 권하는 책을 사라고 설득하려고 한 것이 아니었다. 나는 그저 정보를 던져 주었을 뿐이었다. 무엇보다 아이들 교육에 신경을 많이 쓰는 엄마들은 특정한 한 출판사의 책만 사주지 않는다고 했다. 20년간 상담했던 아이 중에서 특출나거나 영재고를

간 엄마들이 선택한 다양한 책들이 있음을 알려주었다. 자녀가 지금은 동네에서 겨루지만, 나중에 고3이 되면 전국의 아이들과 수능이라는 골목에서 만나게 될 것을 시사했다. 깜짝 놀라는 눈치였다. 그저 이곳 학생들과만 비교하며 우위에 있다고 생각하고 있었다. 또래 아이들보다 자신의 딸이 훨씬 더 똑똑하다고 자부했던 엄마의 동공이 갑자기 흔들렸다.

자녀를 키우는 부모들이 원하는 것은 단 한 가지다. 최고를 선택하는 것이다. 학원을 보낼 때도 최고의 학원을 선택하려고 노력할 것이다. 개인과외를 선택할 때도 최고의 선생님을 찾으려고 애쓴다. 책으로 지식을 채워주려고 하는 엄마도 마찬가지다. 최고의 출판사로 선택하고 상담해준 그 교사를 믿고 책을 사게 된다. 부모 마음은 똑같다. 특히나 비용이 드는 문제면 이것이 최선이라고 생각될 때 마음도 열고 지갑도 열게 된다.

책이 아니더라도 상담은 항상 고객의 입장이 되어 생각해야 한다. 무엇이 진짜로 이 사람에게 이득이 되는 것일까를 함께 고민하고 주제로 던져놓고 이야기를 나누어야 한다. 어떤 물건을 팔려고 하는 게 아니라, 어떻게 하는 것이 정말 이 사람에게 도움이 될 것인가를 생각해야 한다. 그러려면 내 앞에 있는 이 고객이 그동안 알지 못했던 새로운 정보를 주어야 한다. 그 정보는 나만이 알고 있는 정보여야 한다. 그래야 고객은 나의 말을 수긍하고 믿고 듣고 따르기 시작한다.

　고객의 마음을 열기는 의외로 쉽다. 하지만 억지로 열려고 하면 그 문은 오히려 더욱 굳게 닫혀 버리게 된다. 마음은 내가 여는 것이 아니라 스스로 열게끔 도와줘야 한다. 그렇게 되면 상대는 나를 더욱 믿게 된다. 그때부터는 내가 전화를 하거나 찾아가지 않아도 스스로 먼저 연락을 하고 찾아오려고 애를 쓴다. 사람들은 본인에게 도움이 되는 사람을 절대로 잊지 않고 기억하기 마련이다.

　요즘 나를 만나보고 싶다고 연락 오는 사람들이 정말 많다. 중고 책 창업을 배워보고 싶다고 상담하러 오는 사람들이다. 심지어 중고 책 유통 사업을 이미 하는 사람들도 찾아온다. 이미 사업을 하는 사람들이 왜 찾아왔나 하고 처음에는 반신반의했었다.

　"이 일을 5년간 하신 조직장님이 무슨 일로 나를 찾아왔나요? 무엇이 제일 궁금하신가요?"
　"대표님, 그 '정통멘트'가 도대체 뭔가요?"
　"네? 그건 왜 물으시죠?"
　"도대체 그게 뭐길래 영업을 한 번도 안 해본 직장인이나 주부들이 배워서 척척 수익을 내고 있는지 그 부분이 너무 궁금해요."

사람들은 내가 전수해주는 '정통멘트' 화법을 상당히 궁금해한다. 영업을 한반도 안 해본 사람들만 모아서 성공하게 해주고 있는 모습을 보고 다들 놀란다. 영업 초보자들만 모아서 교육했는데 고객을 이기고 오다니 궁금해 죽겠다는 표정들이다.

고객의 닫힌 문을 여는 건 이런 게 아닐까? 자신의 문제를 해결하고 싶어서 찾아오게 만드는 것. 영업이나 사업을 할 때 고객이 꼭 나를 선택해야 하는 이유를 만들어주어야 한다. 나를 만나면 반드시 이득이 있을 것이라는 확신을 주어야 한다. 사람들은 살면서 많은 실패와 좌절을 겪는다. 특히 영업 현장은 더욱 그러하다. 처음부터 실패할 줄 알고 덤빈 사람이 얼마나 될까? 누구나 다 성공하고 잘살아 보려고 노력한다. 하지만 결과는 내 맘대로 되지 않는다. 사람들 대부분은 그 '정통멘트'가 무엇인지 너무 궁금해한다. 영업을 한 번도 안 해 봤는데 나도 정말 배워서 써먹기만 하면 잘할 수 있을 것 같은 기대감을 가득 안고 온다.

상대방의 마음을 끌고 싶은가? 그렇다면 그 사람의 고민과 고통을 덜어내 주는 사람이 되어라. 누구에게나 한두 가지 고민이 있게 마련이다. 그들이 호감을 느끼고 다가오게끔 해보자. 대부분 사람은 자신의 문제를 해결해 줄 것 같은 사람을 찾고 있음을 알아야 한다. 되고 싶고, 하고 싶고, 얻고자 하는 게 무엇인지 파악해야 한다. 내면 깊숙한 곳에서 찾아 헤매던 그 무엇을 해결해 줄 수 있는 사람을 찾았을 때 사람들은 기꺼이 마음을 열고 다가온다. 어두운 산속에서 길 잃고 헤매는 사람은 어느 한 집에서 새어 나오는 숲속의 불빛 하나를 보고 달려간다. 고객이 찾아와야 하는 이유를 꼭 갖고 있어라. 끌리는 영업이란 이런 것이다. 고객이 마음을 활짝 열고 찾아오게 하는 것, 그게 바로 끌리는 영업 비법이다.

고객이
거절하는 진짜 이유는
무엇일까?

말하기를 정말 즐기는 사람이 있다. 한번 말하기 시작하면 도무지 끝날 기미가 보이지 않는다. 옆 사람이 가만히 듣고 있으면 자아도취가 되어 더 신나게 떠들어댄다. 이야기 바통을 언제 넘겨주려나 아무리 기다려도 그럴 기미가 전혀 보이지 않는다. 친한 친구나 지인 사이라면 그 자리에서 뚝 잘라버리고 끼어들 수도 있지만, 낯선 자리일 때는 듣고 있기가 지루할 때가 많다. 말을 잘한다고 해서 영업에 도움이 될까?

말을 청산유수처럼 너무 잘해도 안 된다. 말을 매끄럽게 잘한다고 고객을 더 설득을 잘 시킨다고 생각한다면 큰 오산이다. 영업 화법을 가르치다 보면 말이 너무 유창해서 거절당하는 경우를 가끔 본다. 예전에 강사 경험이 있던 수강생분은 정통멘트를 외우는 데에는 별문제가 없었다. 하지만 고객을 만나러 가서는 번번이 실패하고 오는 것이 아닌가? 그럴 이유가 없어 보이는데 희한하게 결과가 좋지 않아 이분이 평소에 올려놓은 연습 영상을 열어보았다.

이분의 문제점은 너무 어렵게 설명한다는 것이었다. 고객을 만나서 이야기할 때는 초등학교 3학년도 알아들을 정도로 쉽게 풀어서 이야기해야 한다. 하지만 이분은 강사 특성상 어휘 수준이 강의 수준으로 자기도 모르게 올라가 있었다. 말의 수준을 너무 높다 보니 듣고 있으니 뉴스 브리핑처럼 딱딱한 느낌이 들었다. 이분에게는 쉽게 말하는 방법을 제안해 주었다. 그분이 만나는 대상은 주부들이었다.

그러므로 상대방을 옆집 엄마처럼 편안하게 대할 필요가 있었다. 고객을 남이라 생각하지 말고 아는 친구나 언니라고 생각하라고 주문했다. 상대방을 편안하게 만들어 놓으려면 내 마음 상태를 먼저 편안하게 바꿔야 한다. 상대방을 어색하게 생각하면 상대도 나를 볼 때 경직 상태가 되기 마련이다. 남과 있는 상황에서는 누구나 다 마음이 긴장하게 된다. 이럴 때 고객은 자기가 필요한 정보만 얻고 난 뒤 곧잘 이런 말을 내뱉는다.

"네, 잘 알겠습니다. 다시 한번 생각 좀 해보고 연락드릴게요."

연락 준다고 떠나버리는 고객의 말을 믿는 영업자는 없을 것이다. 이 말은 이렇게 해석하면 된다.

"네, 좋은 정보 감사합니다. 제가 다른 곳에 좀 더 알아보고 제가 알아서 해결할게요."

브리핑 같은 자세로 말하지 말아라. 자신의 모습을 정확히 진단받은 이 수강생은 곧바로 '아줌마식 대화법'으로 바꾸었다. 물론 그다음 상담부터는 척척 클로징에 성공하는 멋진 결과물을 얻어내 고매출자가 되었다.

영업한다고 혹시 고객의 비위를 모두 맞춰주고 있지 않은가? 절대 친절하지 말라고 부탁드린다. 어린아이는 할머니 앞에만 가면 투정과 어리광을 부린다. 고집이 통하지 않으면 울음 작전을 해서라도 할머니의 관심을 끌어낸다. 고객도 별반 다르지 않다. 분명히 오늘 계약을 마무리할 것 같아서 약속하고 갔는데 희한하게 계약에 사인을 못 받아 올 때가 있다.

오래전 보험 설계사를 할 때였다. 요즘이야 노트북을 들고 가서 바로 상담을 할 수 있지만, 예전에는 그렇지 않았다. 고객의 정보를 사무실에 와서 입력하고 필요한 가입 설계서를 뽑아서 고객의 집에 다시 방문해야 했다. 고객과 1차 상담을 거친 후 마지막 가입 설계서를 한 번 더 뽑아 가서 보여주었다. 방문을 몇 번 하고 나서야 가입 설계서에 사인을 받아 낼 수 있었다.

그날도 어느 집을 방문했다. 사인을 받기 위한 거의 마무리 단계라고 생각했기 때문에 마음이 들떠 있었다. 조회 후 팀장님도 사무실을 나서는 나에게 파이팅까지 외쳐 주었다. 아파트 앞 과일가게에서 가장 크고 맛있어 보이는 수박도 한 덩어리 준비했다. 이렇게 큰 수박은 가격이 비싼 터라 평소에 나도 함부로 못 사 먹었다. 거기다가 밭에서 금방 따온 듯한 큼직하고 싱싱해 보이는 포장된 참외까지 큰맘 먹고 사 갔다. 심지어 주방 형광등이 고장 났다길래 감전의 두려움을 무릅쓰고 식탁 위에 올라서서 전등 교환도 도와주었다. 그렇게 정성을 들인 보험 계약은 보기 좋게 보름 후 청약 철회가 들어 왔다. 다른 사람에게 계약했단다. 머리를 세게 한방 얻어맞은 기분이었다. 무엇이 잘못된 걸까?

얼마나 쉬워 보였으면 일언반구도 없이 계약을 해지했을까? 영업자는 상품을 팔러 다녔고 고객은 사람을 사러 다녔다. 나와 똑같은 상품은 전국에 지천으로 깔려 있다. 없어서 못 파는 게 아니다. 못 팔아서 못 파는 것일 뿐이다. 사람을 대접해야 하는데 상품을 대접하는 꼴이 되었다. 상품 계약서를 금 쟁반 위에 들고 가서 아무리 좋다고 한들 아무 소용이 없다. 고객에게 절대 친절하지 말아라. 모든 걸 다 들어주는 사람은 매력 없다. 연애할 때와 마찬가지다. 나를 좋다고 따라다니는 사람은 희한하게 만나 주기 싫다. 하지만 나를 쳐다보지도 않는 저 사람에게 괜히 더 관심이 간다. 심지어 이성에게 쭉 둘러싸여 나에게는 눈길 한번 주지도 않는 사람을 향해서는 괜히 나 한번 쳐다보기를 간절히 소망하기까지 한다. 고객도 마찬가지다. 졸졸 따라다니며 좋아한다고 말하지 마라. 그럼 쉽게 무시당하고 거절당하게 된다.

애당초 마음에도 없는 사람에게 헛다리 짚고 다니진 않는가? 얼마 전 어떤 여자분이 찾아왔다. 이분은 과거에 출판사에서 3개월간 영업일을 했고 화장품 판매사원으로도 일한 경력이 있었다. 출판사 책 영업을 할 때는 한 세트도 못 팔았다며 자신을 영업을 전혀 할 줄 모르는 사람이라고 소개했다. 이번엔 화장품 판매를 위해서 다단계 제품을 대량 구매를 했다고 했다. 화장품도 역시나 단 한 세트도 못 팔았다고 했다.

"친구들이 한 명도 안 사주는 거 있죠?"

그 많은 지인이 단 한 명도 안 사준다고 투덜대고 있었다. 본인이 판매 실력이 없음을 인정하기보다 지인들을 원망하고 있었다. 상대방을 나의 페이스로 설득시키기가 얼마나 어려운지 톡톡히 경험했던 듯했다. '화장품과 남편은 전쟁이 일어나지 않는 한 절대로 바꾸기 힘든 게 여자다'라는 속설이 있다. 이분은 아마 우리 화장품의 성분이 무엇이며 어떤 획기적인 기술로 만들었는지 설명했을 것이다. 세계적으로 얼마나 유명한 박사 팀이 연구해서 탄생시켰는지도 설명했을 것이다. 거절당한 이유는 안 봐도 비디오라고 했더니 어떻게 그렇게 잘 아느냐고 되물어 왔다.

제품의 성능과 피부의 원리를 이야기하면 알아들을 사람이 몇이나 있을까? 피부 조직에 관한 이야기를 늘어놓으면 머리가 뱅글뱅글 어지럽다. 그냥 내 피부가 어디가 좋아질지 어떻게 달라질지 그게 제일 고민일 뿐이다. 그리고 이 제품을 사용한 다른 사람들의 반응 정도만 알고 싶다. 화장품을 팔려면 상대방의 피부 고민부터 정확히 알아내야 한다. 기미가 고민인지, 눈가 주름이 고민인지, 피부의 톤이 고민인지에 관심을 가져야 한다. 그 부분을 예쁘게 개선하고 싶은 마음이 되게 관심을 충분히 끌어올리고 제품을 꺼내 놓는 건 그다음에 할 일이다.

상담할 때 혼자서 주장하지 말기 바란다. 영업을 처음 하든 오래 하든 상관없다. 대부분 영업자는 고객을 만족시키기 위해 최대한 친절하려고 노력한다. 그리고 그들을 위해 최대한 마음을 졸여가며 설명을 한다. 상품을 팔려고 하는 마음은 이미 애처롭기까지 하다. 애당초 마음에도 없는 상대에게 혼자 열정을 쏟아붓지도 말아라. 고객이 나를 거절한 것이 아니라 내가 거절을 당할 수밖에 없는 행동을 했기 때문임을 알아차려야 한다. 거절을 당할 때 영업 초보자들은 상대방을 탓한다. 나 또한 그랬다. 하지만 영업 고수들은 그 문제점을 자신에게서 찾는다. 고객에게 이유 없는 무조건적 친절은 절대 베풀지 마라. 그럴수록 당신은 거절만 당하고 다닐 것이다.

3장

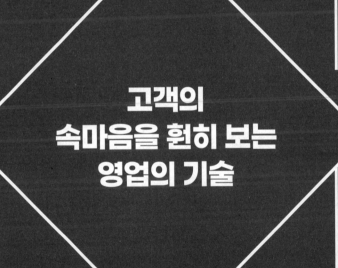

고객의
속마음을 훤히 보는
영업의 기술

영업을
잘하고 싶다면 상품 공부를
하지 마라

영업 초보들에게 질문을 던져본다. 누군가에게 상품을 제시하고 판매하는 게 쉬웠던가? 물론 처음부터 잘하는 사람이 있을 것이다. 이런 사람은 대개 '타고났다'라는 소리를 듣는 부류들이다. 몇몇을 제외하면 대부분 사람은 그렇게 생각하지 않는다. 나를 포함한 사람 대부분은 그럴 것이다. 나 또한 초창기엔 정말로 영업이 너무 힘들었었다. 영업 사무실에 출근할 때 다들 설레는 마음으로 갔을 것이다. 일정 기간의 기본 교육이 끝나면 이제 영업 현장으로 나가야 한다. 한번 떠올려보라. 현장에 내몰리기 전에 우리가 배운 게 무엇이었는지.

아침에 출근하면 매일매일 상품 분석을 시켜준다. 좀 더 깊이 알기 위해 그 제품을 꼭 사서 체험까지 하라고 시킨다. 물론 다 맞는 말이다. 나중에는 상품에 대해서는 해박한 지식을 갖게 된다. 제품 공부라는 게 자사 제품의 좋은 점과 타사 제품의 안 좋은 점을 부각해줄 때가 많다. 물론 장단점 정도는 충분히 알고 있어야 한다. 나중에는 상품에만 해박한 박사가 된다. 제품을 몰라서 머리가 나빠서 상품을 못 파는 사람은 단 한 명도 없다는 사실을 눈치채야 한다.

혹시 상품 교육만 매일 받고 있는가? 그 상태로는 절대로 고객을 만나러 가지 말아야 한다. 대기업 상품이고 누구나 아는 제품이라 쉽게 사줄 것으로 생각하는 건 심각한 착각이다. 친한 지인들이라도 어쩌면 단 한 명도 그 제품을 사주지 않을 수 있다. 예전에 사람들이 제품을 사주지 않을 땐 내 말귀를 못 알아들었다고 생각했다. 이 좋은 걸 몰라보다니, 바보 아냐? 정말 답답했다. 지금 생각하면 내가 어리석었던 것이지만 그 당시에는 정말로 그렇게 생각했었다.

고백하건대 나는 정말 '영업'의 '영'자도 몰랐다. 그래서 상품 공부만 줄기차게 했다. 생각을 한번 해보라. 신입사원이 교육이나 조회 때 들은 이야기가 그게 전부라면 고객 앞에서 무엇을 읊고 있을 것인가? 고객을 설득해서 물건 하나 팔려고 애쓰는 모습이 그저 '우리 상품 최고다. 그러니 지금 당장 사주세요'라고 매달리는 모습이 아닌가? 사람의 마음이 참으로 희한한 게 팔려고 애쓰면 애쓸수록 상대방은 더 도망가 버린다. 내가 고객 입장이었을 때를 생각해보라. 더 거부하고 싶어지는 게 사람 심리다. 이게 가장 좋다가 아니라 우리 것이 가장 좋다는 말은 더는 세상 사람들에게 통하지 않는다.

얼마 전에 내 앞에 찾아온 어느 50대 주부가 생각난다. 이분은 자신을 영업은 하나도 할 줄 모른다고 소개했다. 그러면서 나에게 묻는다.

"대표님의 정통멘트는 도대체 뭔가요?"

그러면 나는 시치미를 뚝 떼고 되묻는다.

"왜 그러시죠?"
"저는 출판사 영업 3개월간 책을 한 세트도 못 팔았거든요. 그리고 화장품 장사를 하려고 물건을 듬뿍 받았는데요. 글쎄 친구들이나 지인들이 아무도 안 사주더라고요."

그러면서 이곳 교육 센터의 사람들을 의아해한다. 영업은 하나도 안 해본 사람들이던데. 어떻게 고객을 설득하고 성공하고 오는 거죠? 나를 만나러 오는 사람들은 이 질문을 하지 않는 사람은 단 한 명도 없다. 무엇보다 이분의 이야기를 가만히 읽어보자. 말의 요지는 아무도 '안.사.주.더.라.'이다. 이 이야기를 듣고 순간적으로 이분과 손바닥 하이파이브를 했다. 나의 20년 전 영업 모습과 너무나 같았기 때문이다. 나도 사람들이 '안 사주더라'라고 말하고 다녔다. 나중에야 알았다. 내가 팔아야 한다는 사실을! 이게 뭐지? 사주는 게 아니라 팔아야 하는 것이라고? 내 머리는 멍해져 왔다. 지금 표현으로 치면 멘붕 상태가 되었다. 남들은 도대체 어떻게 팔지?

왜 그들이 안 샀는지 이유조차 모르고 있는 이 사람. 어쩌면 이 모습은 영업에 실패하고 거절당한 모든 영업자의 모습이고 그들이 하는 하소연이 아닐까? 화장품을 팔기 위해 무슨 말을 했을지 짐작이 된다. 아마 이렇지 않았을까? 먼저 자기 회사가 어느 만큼 유명한지 말했을 것이다. 제품을 개발한 과학자나 의사가 세계에서 얼마나 명성 높은 사람인지도 소개했을 것이고, 제품의 재료와 품질이 얼마나 좋고 효과가 좋은지 데이터를 보여주느라 파일 첩을 넘겼을지도 모른다. 거기다 얼굴 피부의 구조까지 세심하게 설명을 하며 화장품의 우수성을 숨 가쁘게 이야기했을 것이다. 설명하는 내내 앞에 앉아 있는 친구에게는 어쩌면 단 한마디도 말을 걸거나 물어보지 않았을 수도 있다. 심지어 상품 브리핑이 끝남과 동시에 곧바로 클로징에 들어갔을 것이다.

"이렇게 좋으니 지금 당장 하나 사!"

"혹시 이렇게 하지 않았나요?"라고 물었다.

"어머나, 어떻게 알았어요? 맞아요. 모두 거절하더라고요."

아무도 안 사주니 정말로 섭섭했던지 서운한 표정이 역력했다.

이 표정이 혹시 당신의 모습과 흡사한가? 수많은 거절을 밥 먹는 횟수보다 더 많이 당해본 나로서는 이분이 안타깝기까지 했다. 고객을 설득할 방법만 알면 참으로 쉬울 텐데 말이다. 정말 이분이 아는 게 없고 무식해서 그럴까? 한국말이 어눌하고 언어 전달력이 모자라서일까? 당신이 거절만 당하고 다니는 이유가 혹시 영업을 잘못 배워서 그렇다고 생각해 본 적은 없는가? 영업을 잘하는 사람들은 흔히 말한다. 제대로만 배우면 안 팔리는 상품은 없다. 다만 못 파는 영업사원들만 있을 뿐이라고.

교육은 받았는데 제품을 팔지 못했다면 그곳을 당장 나와야 한다. 배우는 곳을 바꾸었더니 매출이 갑자기 상승한다면? 그동안 실적이 없었던 이유가 가르치는 사람이 잘못된 걸까? 아니면 배우는 사람이 무지한 걸까? 배우는 곳을 바꾸었더니 곧바로 신기한 매출을 경험했던 나는 단호히 말을 한다. 당신이 못해서 못하는 게 아니라 가르치는 사람이 못 가르친 것뿐이라고!

그 증거가 바로 나다. 과거 메이저급 출판사 네 군데를 거치며 8개월간 실적 없는 패배자로 전락하여 갈 때, 마지막 몸담은 출판사에서 반전을 일으켰지 않은가? 다른 곳에서는 자기 회사 책이 최고라고 연일 교육을 했는데 이곳은 어떻게 된건지 한마디도 하지 않았다. 제품에 자신이 없어서 그런가? 책 내용 하나 공부한 것 없이 팸플릿만 가지고 현장에 나갔다. 상품을 모르니 내심 불안하기도 했다. 내가 아는 것이라고는 사무실에서 들은 유아 교육 관련 내용이 전부였다. 나는 꾀꼬리처럼 복사해 고객 앞에서 떠들었을 뿐이다. 들은 대로 읊었고 적은 대로 암기했고 어설프게 내뱉었다. 그건 바로 자녀들에게 전집을 지금 당장 사주어야 하는 이유에 불과할 뿐이었다.

9개월 차에 새 출판사로 옮긴 후 드디어 매출이 나왔다. 처음 출근한 달부터 무려 17세트를 판매하고 기절하는 줄 알았다. 믿어지지 않았다. 그렇게 나는 첫 성과 후, 책 영업 3년을 거쳐 서점 운영 9년을 지나, 중고책 유통 사업을 7년 동안 이어 갔다. 2017년부터는 〈한국 중고책 창업 교육센터〉를 개설해 운영하고 있다. 네이버 카페에는 수많은 사람이 수익 인증 후기를 남겨주고 있다. 그들의 대부분은 20년 전 나처럼 비슷한 말을 남기고 있다.

"정말 배워서 따라 하기만 했는데 정말로 고객들이 내 말을 인정하고 수긍하네요. 이렇게 수익을 낼 수 있다니 믿어지지 않아요."

이 글을 적다 보니 갑자기 입가에 미소가 머금어진다. 믿어지지 않는다니. 나의 옛 모습에서 볼 수 있었던 표정과 비슷해서 동질감이 느껴졌다. 이분들이 잘 받아들이고 수익을 내고 감사를 표현할 때 나는 정말 마음이 훈훈해진다. 많은 사람이 〈노랑반디 지식창업 연구소〉 최선옥 대표의 정통멘트는 책 영업뿐만 아니라 원래 하던 본업도 더 잘 되게 해주는 신기한 현상이 나타나게 해준다고 한다. '정통멘트'라는 단어도 우리 수강생들이 만들어낸 단어다. 이분들은 한결같이 말을 한다. 알려준 대로 연습하고 따라서 사용했는데 고객이 설득되니 신기하다고 말이다.

무수한 현장 경험 후기 글들이 정통멘트를 언급하고 있다. 나는 그분들이 영업이라는 힘든 전쟁터에서 거절이라는 총알에 맞고 쓰러지는 모습을 보고 싶지 않았다. 그러한 이유로 나는 나를 믿고 있는 사람들에게 더더욱 최선을 다 해주고 싶다. 적어도 나의 과거 초창기 영업 시절처럼 좌절하는 사람이 되지 않게 말이다. 거절이라는 힘든 가시밭길을 헤매다니게 하고 싶지 않다.

사람들을 가르치면 참으로 재미있을 때가 많다. 고객들과 좌충우돌하며 어버버 하는 정신 없는 상황에서도 '배운 대로 하니 고객이 고개를 끄덕이며 수긍하더라. 그래서 원하는 결과를 얻었다'라는 글을 보면 키득키득 절로 웃음이 나온다. 고객과 만남에 성공하고 온 후에도 믿어지지 않는다는 글이 올라온다. 혼자 점심을 먹으며 읽다 말고 '풉' 하며 웃다가 입속의 밥알이 튀어나올 때도 있었다. 그런 성공 후기는 그 어떤 드라마보다 재밌고 행복하다. 그들도 나의 옛 모습처럼 어떻게 성공하고 왔는지 그 이유를 잘 모르겠다는 눈치다.

나도 몰랐다. 20년 전에 어떻게 갑자기 높은 매출을 올릴 수 있었는지. 2016년에 경영자 과정을 공부하며 화법 연구를 하기 전까지는 말이다. 배우고 익히는 데는 끝이 없다고 했던가? 평생을 영업했는데도 불구하고 나는 평생 처음 대화법을 연구했다. 평생을 상품 공부와 어떻게 하면 팔 것인가만 고민했지 사람에 관한 공부나 연구는 처음이었다. 정말 무식이 하늘을 찔렀던 지난날들이 부끄러웠다. 그 많은 설득책과 화법 책들을 읽어도 이해를 못 했던 까막눈 시절이 있었다. 공부와 연구라는 게 그런 것인가? 4, 5년이 지나고 다시 그런 책들을 보니 모두 모두가 비법을 알려주는 보석과도 같은 것들이었다. 다이아몬드를 책장에 꽂아두고 평생을 돌아왔다고 생각하니 한숨이 절로 나왔다.

2017년에 수강한 '새로나'라는 분이 있다. 50대 초반으로 직장인 남자였다. 그 당시 중고 책 창업을 배우고자 나를 찾아온 첫 수강생이다. 그때 세미나 캐치 카피가 '직장인 방 1칸으로 중고 책 사업 배워서 월 400만 원 벌기'였다. 지금은 전국에서 사람들이 문의가 오고 있지만, 초창기엔 모두 어떻게 그것이 가능한지 의심했었다. 심지어 '이거 사기 아니죠?'라는 소리를 정말 많이 들었다. 이분은 목표 수익이 월 100만 원이었는데 쭉 상승 곡선을 그으며 월 500만 원 수익까지 도달했다. 물론 네이버 카페에 그 과정에 대한 후기가 기록으로 남아 있다. 5년이 지난 지금은 그런 후기들이 차고 넘친다.

내가 운영하는 〈노랑반디 지식창업 연구소〉에서는 많은 수강생을 배출했다. 그들은 하나같이 영업이라고는 한반도 안 해본 일반 직장인이나 주부들이다. 누구에게 무엇인가를 단 한 가지라도 팔아본 경험이 전혀 없는 사람이 거의 전부라고 해도 과언이 아닐 정도로 95% 이상이 영업 무경험자들이다. 나는 6년간 사람 대하는 방법을 공부하고 또한 가르치고 있다. 실패의 원인을 알고 상담 방법을 바꾼다면 누구나 성공할 수 있다. 고객에게 상품에 대한 정보만 주고 다닌다면 남 좋은 일만 시키는 꼴이 된다.

고객이 궁금한 걸 해결해주지 마라. 상품에 대한 정보, 조건, 가격이 적혀 있는 팸플릿은 가방 속에 넣어 둬라. 고객이 그 부분을 묻는다고 한들 진짜 궁금한 것은 그게 아닐 것이다. 고객이 궁금한 것과 원하는 것은 분명히 다르다. 상품이 좋다고 설명하면 생각해보고 나중에 결정한다고 한다. 지금 당장 왜 이 결정을 해야 하는지에 대해 대화를 유도해라. 입사한 지 3개월이 지났는가? 그렇다면 제품 분석 따위는 이제 집어치워라. 우리는 매일 사람과 이야기를 하면서 사람 공부는 하지 않는다. 그러니 상대방의 속마음도 모른 채 거절만 당한다. 상품 공부는 그만하고 사람 공부를 하길 바란다.

2

상대방의
입장에서 생각하고
상담하라

네이버 지도 길 찾기 앱은 낯선 길을 찾을 때 참 편하다. 이런 기능이 없었던 불과 몇 년 전까지만 해도 골목길에서 낯선 간판을 찾기는 쉽지 않았다. 오래전 서점을 처음 개업했을 때, 새로 생긴 도시다 보니 위치 알리기가 관건이었다. 대로변 사거리에서 한 블럭 들어가 있어 위치를 물어보는 전화가 매일 왔다. 꼼꼼한 편이 아닌 남편이 위치 설명을 해줄 때는 여지없이 이리저리 헤매다 겨우 찾았다는 말을 많이 했다. 나로서는 그것도 못 찾아오느냐고 생각했지만 찾아오는 처지에서는 숨바꼭질이나 다름없었다. 그러다 보니 가게 위치 설명은 거의 내 몫이 됐다.

"쭉 와서 돌아서 쭉 오면 된다."

나도 얼렁뚱땅 길 안내를 받을 때가 많다. 모임 장소에 도착하자마자 아까 통화한 친구부터 찾아낸다. 그리곤 소리를 내 지르게 된다.

"길을 그렇게 알려주면 어떡해. 한참을 돌았잖아!"

길을 몰라 헤매는 건 비단 모임 장소를 찾을 때뿐만이 아니다. 우리 인생길도 마찬가지다. 우리는 항상 무언가를 선택하고 결정해야 한다. 길을 찾아 헤매듯 항상 누군가에게 묻거나 알아본 후 결정을 내린다. 집안일은 식구끼리, 바깥일은 전문가를 찾아간다.

창업 컨설팅을 받고자 내게도 누군가 꾸준히 찾아온다. 아무나 받지 않는 철학을 갖고 있다 보니 많은 대화를 나눠본다. 배우려고 하는 사연도 들어보고, 지금 당장 왜 꼭 해야 하는지도 물어본다. 어떤 날은 1인 사장님이 되고 싶다고 말을 꺼낸 어떤 주부가 찾아왔다. 6학년 딸과 9세 아들을 둔 전업주부였는데 과거엔 기업 사무 일을 오래 했단다. 경단녀가 되다 보니 할 수 있는 게 거의 없더라는 것이다. 애들 학원비도 부담되고 매월 대출금 갚기도 만만찮아 돈을 벌고 싶다고 했다. 사회생활도 어느 정도의 경지까지 가보고 싶고, 개인 서점을 하는 것이 꿈이라고 했다.

얘기를 나누다 보면 두어 시간은 훌쩍 지나간다. 속 시원하게 속내를 다 털어놓을 때는 나도 같이 진지해진다. 핑계 없는 무덤 없다더니 사연 없는 사람이 단 한 사람도 없었다. 오랜 시간을 이야기하다 보면 나도 모르게 그 바람을 응원하게 된다. 둘째 아이가 가고 싶다는 예체능 학원을 꼭 보냈으면 좋겠고, 무거운 대출금이 가볍게 되었으면 좋겠고, 서점에서 책 보며 강아지랑 커피도 마시고 싶다는 그녀의 그 모든 꿈이 꼭 이뤄졌으면 하는 바람이 들었다. 직장생활을 하며 그만두고 싶다는 사람들도 많다. 얼마 전에 찾아온 어떤 30대 중반 여성이 인상이 깊었다. 중소기업 회사생활 8년 차고 미혼이라고 했다.

"정말 열심히만 하면 회사에서 알아줄 줄 알았어요. 인원이 모자라도 퇴근 후 일거리를 가져와서 모두 마무리했어요. 한데 지금은 회사 퇴직하는 게 목표예요. 하지만 막상 그만두면 갈 데가 없어요. 이곳을 떠나고 싶어도 그냥 이대로 있어야 하는 게 너무 슬퍼요. 저도 나만의 1인 사업을 해서 사장님이 되어 독립하고 싶어요."

왜 이런 생각을 하게 되었는지 물었다. 억울하다는 듯 갑자기 목소리를 울먹였다. 그동안 정말 열심히 했는데 수고했다는 말 한마디 안 해주면서 요즘 계속 혼나기만 한다는 것이다. 칭찬 한마디, 혹은 '수고했다'라는 말 한마디 듣는다면 억울하지나 않다고 했다. 직장 다니며 추가 수

입을 얻고 있는 선배들을 보니 본인도 그렇게 하고 싶다며 회사생활에만 목메고 있는 자기 모습을 답답해했다. 그러며 1인 창업의 꿈을 털어놓았다. 8년이라는 긴 시간을 한 회사만 다니다니 그 부분만으로도 나로선 충분히 존경하는 바이다. 난 절대 회사원 체질이 아니었으니까.

사람은 누구나 인정받고 싶어 한다. 내가 얼마나 고생하고 힘들었는지 알아주길 바란다. 마음을 들여다보아주고, 알아주는 게 상담이다. 나는 온전히 상대방의 관점에서 귀를 기울여주었다. 힘든 이야기는 같이 힘들어하고 기쁜 이야기는 같이 웃어주었다. 길게 하소연하듯 무언가 털어놓을 땐 그저 길게 들어주기만 했다. 상담이란 상대방을 위해 있는 자리다. 거기에서 내 이야기를 한다면 모두 귀를 닫아버리게 될 것이다. 상대가 무슨 말을 하려 하는지 충분히 들어주다 보면 계약은 저절로 나오게 된다. 상품 계약을 위한 상담을 한다면 상품이 주인공이 된다. 주인공은 항상 고객이 되어야 한다.

꿈 너머의 꿈을 찾아주는 일은 정말 행복하다. 막연하게만 생각했던 일이 현실이 되고, 상상했던 꿈이 현실이 된다면 얼마나 멋질까? 그저 한달 한달 열심히 살아야 하는 이유가 다음 달 생활비나 학원비 대출금 때문이라면 사는 게 힘만 든다. 평생 돈 벌기 위해 노동만 하다가 죽을 것 같은 비참함이 엄습해 온다. 힘든 30대가 지나가면 아름다운 40대가 올 줄 알았다. 40대를 힘들게 버티면 50이 되었을 때 여유가 생길 줄 알았다. 그렇게 60대, 70대를 한결같이 살아가야 할지도 모른다면 불안하지 않을 사람이 없다.

사람들은 어떻게 살아가고 싶어 할까? 대부분은 이랬다.

"회사의 굴레에서 해방되고 싶다. 급여 외에 추가 수입을 갖고 싶다. 누구의 지시나 간섭이 없는 나만의 사업을 하고 싶다."

긴 상담이 끝나면 몸은 지치고 목도 아파져 온다. 그래도 나는 마지막 깡을 끌어내 내 앞의 상담자를 위해 마지막 설계도를 내민다. 바로 인생 로드맵 만들기다. 10년 후나 지금이나 나아진 게 없이 똑같다면 정말 사는 게 재미없어진다. 재미없는 인생을 재미있게 사는 방법! 그건 바로 오로지 나만의 인생 설계도를 그리는 것이다.

2016년, 살면서 평생 처음 내 인생 로드맵을 그리기 시작했다. 10년 후의 나의 거시적인 모습을 빽빽이 적었다. 물론 모두 다 허무맹랑했다. 어느 유튜버가 올린 '허풍쟁이 손정의'를 보면 성공을 위해선 최대한 허풍을 떨라고 했던 말이 마음에 들었다. 그리고 1년 후의 나의 목표 1가지를 적었다. 그 목표 달성을 위한 행동 목표 10가지도 적었다. 모두 유성 펜으로 크게 적어서 냉장고 문에다 갖다 붙였다. 그리곤 매일 나의 꿈을 100번씩 적기 시작했다. 무려 4년을 이어갔다. 2017년 12월, 타임캡슐 속에 나의 1년 후 꿈을 적어서 넣는 행사를 했었다. 이듬해 2018년 12월, 100명이 넘는 사람들 속에서 단 세 사람이 호명되어 무대 뒤로 오라고 안내받았다.

1년 전 타임캡슐 속에 넣은 미래 일기를 받아 들었다. 1년 후 가장 근접하게 성공한 사람을 불러 작년에 작성한 일기를 단상에 올라가 읽게 하는 것이었다. 맙소사! 그중 한 명이 나라니? 내가 작년에 뭐라고 적었더라? 단상에 올라간 나는 작년에 소원하며 꿈꿨던 미래 일기를 읽어 내려갔다. 꿈으로만 생각했던 10가지 목표 중 가족 여행 가는 것 외엔 거의 다 근접하게 현실이 되어있었다. 냉장고 문에 붙여 놓고 매일 목표를 향해 아주 조금씩 실천했을 뿐이었는데, 1년 후의 결과는 정말로 놀라웠다. 마치 어제 저녁에 작성한 일기 같았다. 함께 실천했던 다른 사장님들도 똑같은 반응이었다. 그래서 나는 꿈을 믿는다. 처음 블로그를 개설했을 때 막연하게 적어놓았던 것이 있다.

'꿈은 꾸는 자의 것이다. 꿈꾸는 사람은 아름답다.'

열 번 스무 번을 읽어도 행복한 말이다. 나는 꿈을 주는 사람이 되고 싶었다. 처음에는 돈을 벌려고 중고 책 사업과 1인 지식창업 사업을 시작했다. 컨설팅을 시작한 지 6년 차가 지나가고 나를 만났던 사람들이 하나둘씩 행복하게 변하는 모습을 보니 덩달아 뿌듯하다. 정통멘트를 배운다. 책 유통 사업을 배운다. 1인 지식창업가가 된다. 이런 걸 도와주는 것보다 꿈이 그려진 종이 한 장 그려서 보내는 것, 그것을 더 즐거워하고 행복해한다는 것을 알아차렸다.

"창업 상담을 하러 갔는데 인생 상담을 하고 왔어요"

상담이란 결국 꿈을 구체화해주는 것이다. 어디 가서 함부로 털어놓지 못했던 부분을 함께 고민해주는 것이다. 상대방의 입장이 되어 생각한다는 건 결국 온전히 그 한 사람만을 위해 고민을 해결하고자 머리를 맞대주는 것이다. 무엇이 문제인지 무엇을 원하는지 내가 먼저 아는 체하지 않아도 된다. 변호사가 사건을 수임할 때 가장 먼저 하는 건 사연을 먼저 쭉 들어주는 일이다. 그리고 고객의 처지에서 해결방법을 제시해준다. 그리고 한편이 되어주는 것이다. 내일부터 변호사처럼 가만히 고객 말에 귀 기울여보도록 하자. 그러면 고객은 틀림없이 나를 믿고 따를 것이다.

고객의 속마음을
알기 위한 질문법을
외워라

대기업 다니는 친구가 부러운가? 아니라고 대답하는 사람은 거의 없을 것이다. 나도 결혼 초반에는 대기업 다니는 남의 남편이 부러웠다. 부러움의 기준은 당연히 월급이 많아서다. 돈이라는 굴레가 이렇게 삶의 한 가운데서 꽈리 틀고 앉아 있을 줄 몰랐다. 집안 어른들이 잘사는 집안의 남자를 소개 주선할 때 한 번이라도 만나볼 걸 하는 후회도 해본다. 가끔 동기 모임에 나가면 잘 나가는 동기가 명함을 내밀 때가 있다. 솔직히 말하면 왠지 부럽기도 하지만 가슴 한쪽이 시리고 아플 때가 한두 번이 아니었다. 너무 솔직한가?

40대 중반이었을 때 고향 친구랑 아주 오래간만에 통화할 일이 생겼다. 이야기를 한참 나누다가 그 친구가 말을 했다. "야, 선옥아, 나는 내 주위에 나보고 이름 부르는 사람은 너뿐이다!"라고 경상도 사투리로 내뱉었다. 그 말은 자기가 직급이 높아서 모두 우러러보며 직급 호칭을 부른다는 뜻이었다. 잘난 체하는 그 친구와 전화를 하면서 나도 모르게 오기가 생겼다. 직장인 친구들이 모두 정년퇴직하거나 명예퇴직 당할 때 그때 내가 승승장구해 주리라. 그렇게 굳게 마음먹었던 기억이 난다. 주위에 잘 나가는 친구나 지인들을 보면 내가 더 성장하고 성공하고 싶은 자극제가 되어주었다.

퇴직 후 기다리는 건 새로운 제로 게임의 시작이다. 다른 직장을 구한다고 한들 몇 년을 더 버티겠는가. 나이가 차면 번듯한 직장에 재취직하기는 힘든 경우가 많다. 직장이 아닌 새로운 세상이 기다리고 있다. 그때 많은 사람이 실수하고 실패해서 망하는 경우가 허다하다. 얼마 전 조카 녀석이 점심을 함께 먹고 싶다고 전화가 왔다. 마침 일정이 변경되는 통에 시간이 남아서 음식점에서 만나 담소를 나누게 되었다. 가까이 살면서도 거의 만날 일이 없던 터라 너무 반가웠다. 내 마음과 달리 마주 앉은 조카는 다 죽어가는 소리로 하소연을 했다.

"고모~, 요즘 제가 잠을 못 자요. 어제도 저녁 먹고 바로 누워서 6시부터 멍하니 3시간을 천장을 보고 누워 있었어요. 밥맛도 없고 목에 넘어가지도 않고 삶에 의욕도 없어요. 먹고 싶은 것도 없고 재미있는 것도 없어요."

"어이쿠. 우리 조카가 40대 초밖에 안 됐는데 벌써 갱년기가 왔나 보네. 남자들도 그렇다더라." 직장생활이 지루하니 참 속 편한 소리를 한다고 생각했다. 갱년기를 극복하고 어떻게 재미있게 살 것인지를 한참을 조언해 주었다. 그런데 문제는 그게 아니었다. 직장에서 명예퇴직을 당하게 생겼는데 이번에는 자기 차례가 될 거란다. 회사에 잘하고 싶어도 이끌어줄 상사들이 다 나가고 없다며 버틸 재간이 없다고 했다. 조카의 속마음도 모른 채 갱년기 타령만 해 됐으니. 그냥 한마디만 물어봤어도 좋았을 텐데. '혹시 어디 아프니? 걱정거리라도 있는 거야?'라고!

영업 현장에서도 마찬가지다. 가끔 헛다리를 짚을 때가 많다. 상대방의 상황을 듣고 나의 경험으로 지레짐작 후 단정해 버리는 실수를 저지를 때가 있다. 얼마 전 생선구이 그릴이 높은 곳에서 떨어져 일그러져 버렸다. 가격도 저렴한 편이라 새로 구매하려고 전자 마트에 들렀다. 1층에 주차 후 매장으로 걸어갔다. 안에서 잡담을 나누는 직원들이 눈에 들어왔다. 그중 한 분이 나를 맞이하려고 잔걸음으로 입구로 왔다. 이참에 TV도 구경하고 전자레인지도 살펴볼 생각이었다. 마침 이 브랜드도 선호하는 편이니 온 김에 잘 됐다고 생각했다. 문을 밀고 들어가니 입구에 서부터 직원이 가로막듯이 물었다.

"어떻게 오셨습니까?"
"네~, ○○회사의 생선구이 그릴을 사러 왔습니다."
"아~, 그 제품은 요즘 안 나오는데요."

제품이 없다는 소리에 깜짝 놀랐다. 전에 2층에 전시된 걸 샀다고 했더니 막고 서 있는 몸을 비켜주었다. 기분이 썩 좋지 않았다. 2층으로 나를 데려간 직원은 그 제품이 없는 걸 확인 시켜주더니 이내 다른 전자 마트에 가보라는 것이다. 기왕 온 김에 한 바퀴 둘러 보고 싶은 내 마음도 모른 채 볼 일이 없을 것으로 판단했는지 나가라고 하는 분위기였다. 오신 김에 "다른 제품을 좀 더 구경하고 가시겠습니까?"라고 묻기를 바랐는데 말이다. 내 모습이 너무 초라해 보였나? 왜 손님의 속마음을 모르고 혼자 판단하지? 손님을 내쫓다시피 하는 직원을 둔 사업주가 괜스레 걱정됐다.

영업인이라면 질문을 생활화해야 한다. 병원에서는 의사와 간호사는 환자에게 매뉴얼 그대로 질문한다. 고객인 환자는 행여나 나의 병을 속속들이 모를까 봐 정성을 다해 대답하게 된다. 이처럼 영업 현장에서도 의사 선생님 앞의 환자처럼 고객이 또박또박 자기의 속마음을 이야기하도록 하는 방법은 없을까? 영업자가 무슨 이야기라도 하려고 하면 귀부터 틀어막고 싶어지는 건 왜일까? 그건 대화를 거는 방법이 잘못되었기 때문이다. 고객의 속마음은 안중에도 없다. 제품의 좋은 점을 설명할 테니 당신은 가만히 듣고 있으라는 식이 대부분이다. 그리곤 지금 당장 구매하라고 독촉하기만 한다.

만약 화장품을 취급하는 영업인이라고 하자. 고객의 속마음 파악은 어떻게 하면 좋을까? 어떻게 물어보면 상대방이 필요로 하는 고민을 알아낼 수 있을까? 얼마 전 피부가 너무 건조해짐을 느껴서 바디 로션을 하나만 사고 싶었다. 판매인과 전화 상담 후 나는 3가지나 주문했다. 바디 로션과 바스 오일, 바디 오일이었다. 이렇게 세 개를 사용해야 보습 효과가 오래 지속이 된다는 것이었다. 이분의 질문법이 남들과 달랐다. 그냥 제품만 권하는 게 아니었다. 어떤 일을 하며 피부의 어떤 부분이 고민인지 물었다. 초겨울이기도 하지만 온풍기에 얼마나 노출되는지도 물었다. 물론 나이도 함께 참고해서 제품을 선택해주었다.

제품 구매 확률이 몇 배로 높이려면 상대방에게 말을 많이 시켜야 한다. 영업 현장에서 질문하면 고객은 대답을 충실히 잘해준다. 본인의 고민을 충분히 이야기할 시간이라고 판단하기 때문이다. 모든 이야기를 마친 고객은 이제 영업자의 판단만 기다린다. 마치 환자가 의사의 결정을 그대로 수긍하듯이 고객도 그런 현상이 나타난다. 영업자가 나의 고민을 모두 해결해줄 수 있을 것 같으니까 말이다. 이때야말로 처방을 내리듯 해법을 제시해주기만 하면 된다.

이때 권해주는 상품을 고객이 덥석 주문하게 하는 방법은 무엇일까? 영업하다 보면 가끔 당황하는 경우가 상품 권유 단계에서 발생한다. 이만하면 충분히 구매할 것 같아서 판매를 시도했는데 의외로 놓치는 경우가 허다하다. 실패하는 대화법과 성공 하는 대화법에는 차이가 있다. 분명 같은 뜻의 말을 했는데도 말끝 하나 때문에 성패가 좌우된다.

대화 1 : "그래서 우리 고객님은 바디 로션을 아몬드 오일과 바스 오일을 함께 써야 건조한 피부에 더 도움 되실 거예요. 이렇게 3가지를 한번 써 보세요."

대화 2 : "우리 고객님은 바디 로션을 아몬드 오일과 바스 오일을 함께 쓰시면 건조한 피부에 더 도움이 되실 것 같은데…. 이렇게 3가지를 함께 써 보는 건 어떨까요?

판매자가 좋은 제품이라 권유하면 이상하게 사기가 꺼려지지 않는가? 하지만 의견을 묻는 질문을 받으면 왠지 나를 배려하는 느낌이라 거부보다는 수긍하고 싶어진다. 그렇지 않은가?

　질문법은 의외로 간단하다. 말의 끝을 주장하고 끝냈다면 끝에다 질문을 덧붙이면 된다. 나의 말을 질문으로 끝내 보라. 그리고 상대방이 말하도록 바통을 넘겨주어라. 상대방이 말을 하면 가만히 듣고 있다가 또 내 생각을 주장하게 된다. 주장하는 말로만 끝냈다는 생각이 들면 '아차'하고 금방 깨달으면 된다. 그때 뒤이어 질문을 덧붙여 보라. 마치 TV 속의 인터뷰 장면처럼 말이다. 인터뷰는 내 생각과 주장을 말하는 것이 아니다. 고객의 이야기를 들을 마음의 준비를 해야 한다. 그리고 난 후 상대에게 진정한 관심을 보이며 묻고 또 물어라. 협상에서 실패는 거의 없을 것이다. 누군가의 마음을 얻고 싶은가? 그럼 지금 당장 질문법을 만들어 보아라.

상대를
이기려는 마음부터
버려라

사람들은 누구나 내 방식대로 편하게 살고 싶어 한다. 남의 간섭을 받지 않고 내 맘대로 살면 얼마나 편한가? 그래서 가끔 부모들이 외출하고 없을 때 아이들은 엄청난 해방감을 느낀다고 한다. 시골에서 자랐던 나는 함께 방을 쓰던 언니에게 많이 의지했었다. 어느 날 그 언니가 시집간다는 말을 들었을 때 아쉬웠던 기억 대신 괜히 기쁘고 설렜던 기억이 난다. 사실 언니가 어디로 시집가던 그건 어른들의 결정이니 나의 관심사는 아니었다. 언니 잔심부름을 안 하는 게 좋았고 이런저런 간섭이나 잔소리를 듣지 않는 게 좋았던 것 같다. 무엇보다 나 혼자 독방을 쓴다는 기대감이 더 컸던 것 같다. 당시 중학생이었던 나는 왠지 벌써 어른이 된 기분이었다.

간섭이나 참견을 좋아하는 사람은 단 한 명도 없을 것이다. 자녀를 키우며 혼내지 않고 키우는 부모는 없을 것이다. 얼마 전 모임에서 친구 명희가 자기 남편 흉을 보기 시작했다.

"남편이 스무 살이 다 된 딸과 아들을 너무 심하게 혼내서 미치겠다. 말리려고 하면 더 큰 목소리로 고래고래 고함을 지르며 욕까지 하는 거 있지? 얼마나 심한지 애들이 거의 경기를 일으킬 정도야."

자식들이 남편의 뜻대로 움직이지 않으면 불같이 화를 낸다고 한다. 말끝에 토를 달면 애들은 물론이고 부인조차도 용서하지 않는 눈치였다. 살면서 크게 안 싸워본 부부가 몇이나 있을까. 하지만 정도가 심할 때는 항상 뒤탈이 생긴다. 이제 남편이 무슨 이야기를 하면 아니꼬워서 입 다물고 조용히 있는단다. 심지어 자녀들은 우울증까지 생길 정도란다.

유치원 때부터 스무 살이 다 되도록 여전한 아빠의 고함 섞인 말 폭력에 떨고 있을 아이들이 불쌍하다. 단지, 자기 말을 안 듣는다는 이유로 소리 지른다고 하니 아빠의 말을 들을 리가 없다. 크든 작든 이런 광경은 어느 집에나 심심찮게 일어난다. 어른이 되기 전에 대화의 기술부터 배워야 할 문제다. 어른이라고 그냥 넘어갈 문제는 아니라고 생각된다.

이런 상황이 벌어지는 이유는 남의 말을 듣기 싫어하기 때문이다. 대부분은 내가 하는 말은 다 맞고 네 의견은 틀렸다고 생각한다. 왜 그렇게 생각하는지 들어보고 대화를 통해서 설득하려 들지 않는다. 무조건 복종하길 바라고 안되면 고함부터 먼저 튀어 나간다. 남에게 지기 싫어하는 성격이 강한 고집으로 나타난다. 이런 글을 쓰면서 나도 참 많이 나 자신을 되돌아보게 되고 반성하게 된다. 아이들이 내 뜻대로 되지 않는다고 혼내고 울리고 했던 일이 새삼 미안해진다. 이렇게 복종시키는 건 절대 이기는 게 아니다. 꺾으려 애쓰면 희한하게 더 크게 반발심이 생기는 게 사람 마음이다.

이런 모습은 영업 현장에서도 마찬가지다. 좋은 관계로 만나 결국은 깨지는 소리가 난다. 20년 넘도록 얼마나 많은 고객을 만났던가. 그때도 여느 때처럼 방문 약속 시각에 맞춰 아파트 주차장에 도착했다. 차 안에 앉아 거울에 얼굴을 비춰보면 나도 모르게 큰 심호흡을 하게 된다. 마치 적장 깊숙이 들어가는 병사처럼 심기일전 마음을 가다듬어 본다. '딩동'하고 초인종을 누르면 현관문이 열리며 활짝 웃는 주인 얼굴부터 보인다. 집안에 들어서면 보이는 거실 벽 면 책장이 전집으로 빼곡히 채워져 있다. 자녀들에 대한 교육열이 남다름을 알 수 있다.

책장에 꽂힌 책들을 하나둘 이야기하며 대화를 이어나갔다. 한참을 상담하고 난 뒤 이제 이 집 아이에게 필요한 상품 소개를 한다. 그리고는 클로징을 시도한다. 하지만 이 고객은 제품을 사지 않고 '좀 더 생각 해보고 나중에 살게요'라는 것이다. 소개를 받고 들어간 집이었기에 당연히 제품을 팔 수 있다고 생각했다. 그랬기에 이런 답이 돌아오니 잠시 머릿속이 멍해졌다. 대체 왜 안 산다는 거지? 당시 영업 10년 차에 이런 거절을 당할 때는 그 이유를 알 수가 없어 더욱 답답했다. 웃으며 반겨주던 아기 엄마는 왜 나를 거부했을까?

그땐 알지 못했지만, 이유는 간단했다. 나는 내 제품을 팔기 위해 고객이 이미 사 놓은 제품보다 내가 권하는 책이 더 좋다고 비교해 주기 시작했기 때문이었다. 당시 나는 서점을 운영하고 있었기 때문에 모든 출판사 전집 속 내용까지 모두 알고 있었다. 내 물건을 팔기 위해 상대방의 물건을 깎아내리기만 할 때가 많았다. 이런 날은 거의 백전백패일 확률이 높았다. 계속 단점을 이야기한다면 그 누군들 좋아하겠나 말이다. 칭찬부터 한마디 하고 내 얘기를 해야 했었다.

"참 좋은 책들을 갖추셨네요. 책 보는 안목이 상당하셔서 제가 보여 드리는 책들도 금방 잘 고르시겠는데요~"

영업자들이 가장 많이 하는 실수가 하나 있다. 바로 내가 고객보다 더 잘 안다는 자부심이다. 이런 생각으로 상담을 하다 보면 자칫 거만하게 보이게 된다. 처지 바꿔 생각해보자. 그 많은 책을 사기 전에 얼마나 많은 상담을 받았겠는가? 그리고 얼마나 신중히 선택하려고 노력했겠는가? 그러기 위해 많은 고민과 함께 쉽지 않은 결정을 했을 것이다. 돈이라는 대가를 치를 때는 가격대비 그 제품이 최고라고 생각했을 것이다. 그런데 어떤 낯선 영업자가 와서 그 제품을 언짢게 말을 한다면 당신은 그 사람과 거래를 하고 싶겠는가? 쫓겨나지 않는 게 다행이다. 부모와 자식은 함께 살면서 다시 만회할 기회라도 있다. 고객은 한번 마음이 달아나면 또다시 마음을 열고 가까워지기는 하늘의 별 따기다.

고객을 혼내며 영업을 하지 말라. 사람은 누구나 내가 한 일에 대해 좋은 반응을 얻고 싶어 한다. 얼마 전 전세를 새로 놓을 시기가 된 오피스텔을 부동산에 내놓았다. 새로 이사 올 세입자는 신도시에 분양 당첨된 부부였다. 나는 계약금 100만 원을 미리 받고 보름 뒤 계약서 작성을 위해 다시 만났다. 전세 계약서는 2년 계약으로 미리 타이핑되어 준비되어 있었다. 하지만 세입자는 2년을 못 채우고 만기 3개월 전에 이사 나갈 예정이라 했다. 계약서 특약란에는 이미 '만기 3개월 전에 나갈 시 새로운 세입자 구하기와 그에 따른 복비는 세입자가 부담한다.'라고 적혀 있었다.

계약서 사인을 하면서 예비 세입자와 부동산 사장님이 묻는다. 혹시 24개월 계약인데 3개월 전에 나가도 주인이 허락해 주겠느냐고. 나는 당연히 편하게 하시라고 했다. 그리고 은행에 전세 대출을 신청해야 하는데 오피스텔 아파트라 [주거용]이라는 글자를 빼먹어 다시 프린트해 사인해야 한다고 했다. 새로 사인을 한 후 집으로 왔다. 21개월 채우고 부동산 중개료를 본인들이 낸다니 참으로 좋은 계약이군! 그런데, 계약서를 다시 훑어보던 나는 깜짝 놀랐다. 그 부분 타자가 지워져 있었다. 부랴부랴 부동산 사장님과 통화를 해서 따져 물었다. "사장님~, 아까 특약 부분 조항이 삭제됐네요~. 이 부분 설명도 없이 왜 없앴나요?"

3개월 덜 채우고 나가도 된다고 허락을 했으므로 지웠다는 것이다. 이런 이상한 계산법이 어디 있담? 나는 분명히 그 글귀를 보았기 때문에 동의했다고 따져 물었지만, 부동산 사장님은 계속 내 탓만 했다. 아까 계약서 작성할 때는 '아' 다르고 '어' 다르다며 글자 한 자 한 자 잘 적어야 한다고 강조하셨던 분이다. 그랬던 분이 계속 나만 혼내듯 목소리에 힘주며 나무랐다. 그 사장님에게 지는 기분이 드는 건 왜일까? 그래서 난 더 강하게 주장하며 물었다.

"사장님이 분명히 삭제하셨고 제게 설명 안 해준 건 맞으시죠?"

그제야 다시 얼른 와서 계약서를 새로 쓰자고 한다. 나중에야 알았다. 세입자가 계약금을 줄 때 이미 24개월 계약하는 조건으로 설명받았으며 중도에 이사할 시 모든 비용은 본인 부담하기로 말이다. 휴~, 내가 괜한 생트집 잡는 건 아닌가 하고 내심 걱정했었다. 부동산 사장님이 본인 실수를 처음부터 시인했으면 다시 작성하러 가지도 않았을지도 모른다.

상대방이 모르는 부분이라고 절대 무시하지 말아야 한다. 잘 알아듣게 설명을 하되 반박하는 부분이 있다면 더욱 설득력 있게 이해시켜야 한다. 나의 주장만 강하게 펼친다면 분쟁의 소지만 된다. 상대가 왜 이렇게 말을 하는지 속마음을 잘 헤아려 보자. 대화란 누가 이기고 지고의 문제는 아니다. 상대를 이기려고 애쓰지 말라. 그럼 더더욱 꺾이지 않는 대나무로 바뀔 것이다. 따뜻하고 부드러운 말투로 상대방의 얼어 있는 마음을 녹여주는 건 어떨까?

고객의
이익을 기준으로
상담하라

어린아이들은 진정한 밀당의 고수다. 엄마가 지금 화를 낼 입장인지, 나를 달랠 입장인가를 정확히 알아차린다. 행여 집에 손님이라도 와 있으면 더욱 그렇다. 냉동실에 넣어 놓은 아이스크림이나 초콜릿을 마음대로 요구할 기회임을 포착한다. 집에 들른 어떤 낯선 사람과 중요한 이야기를 하며 자기와 놀아주지 않을 때 엄마를 시험해 본다. 먼저 찡얼거려 본다. 이야기에 방해될까 봐 엄마가 달래려 한다. 때를 놓칠세라 냉동실 안에 있는 아이스크림이 먹고 싶다고 투정을 한다. 일종의 제안이다. 그날 손님과 이야기를 마치고 보내고 나면 냉장고의 아이스크림과 초콜릿은 동이 난다. 평소엔 어림없는 생떼가 통한다. 상대가 거절할 수 없을 때 제안하기는 이미 도가 튼 것 같다. 엄마는 아이스크림을 쟁여 놓지 않겠다고 다짐한다.

어른들의 소비 생활도 마찬가지다. 평소에는 굳건히 기준을 정해놓고 살다가도 어느 순간 나도 모르게 바뀔 때가 있다. 나는 중고차를 좋아했다. 아니 새 차를 사기에는 금액이 비싸서였다는 게 맞는 말이다. 영업을 처음 시작할 때 빨간 아반떼를 샀었다. 첫차 이후에도 줄곧 중고차만 몇 번 더 샀었다.

지금 타고 다니는 볼보 SUV는 우연히 구매하게 되었다. 지인 사장님의 말 한마디가 자꾸 귀에 들어와 박혔기 때문이다. 어느 날 저녁 술을 한잔 마시고 차를 두고 집으로 걸어갔다. 뚜벅뚜벅 길을 가다가 볼보 전시장 옆을 지나게 되었다. 이런 곳이 우리 집 앞에도 있었네? 일행 3명이 우르르 들어가서 구경했다. 영업사원의 설명을 듣고 탑승까지 해보았다. 평생 현대차에 익숙해 있었던 지라 영 낯설고 맘에 차지 않았다. 지금 차도 SUV고 오래된 게 아니라 바꿀 이유가 없었다. 내가 시큰둥한 표정을 짓자 옆에 있던 일행 중 한 사람이 말했다.

"최 사장은 볼보 정도는 타줘야 해. 그래야 사업도 더 잘 되고 계약도 더 잘 되지. 이 차는 사장이 타고 다니는 게 아니고 손님맞이용이야. 면담 오는 사람과 수강생들 있잖아. 직원이 그들을 태우거나 이동할 때 쓰는 거야. 최 사장은 지금 타는 차 그냥 타면 되는 거지."

말을 들어보니 일리가 있었다. 그렇다고 멀쩡한 차를 굳이 바꾸고 싶지 않았다. 영업사원도 아닌 일행이 집요하게 나를 꼬드겼다. '왜 내가 이 비싼 차를 지금 사야 하죠?'라고 하며 나중에 사고 싶은 차가 따로 있다고 했다. 그런데도 왜 볼보여야 하는지 일목요연하게 말을 해주었다. 무엇보다 이 차를 선택하면 사업과 계약이 더 잘될 것이라고 했다. 솔직히 이 말에 마음이 끌리긴 했다. 거기다 직원용이라고 하니 더 멋있어 보였다. 이틀 후 다시 방문해 상담을 받고 계약을 해버렸다. 자동차 영업사원이 클로징을 한 게 아니라 나의 지인이 나를 매료시켜버렸다. 금액이 다소 부담스럽고 스타일도 낯설었다. 이 핑계 저 핑계로 취소할까 말까 하고 차 인도 날까지 한참을 망설였었다.

큰 결정 앞에서 사람들은 아주 단순해진다. 내가 이득이 더 많은가, 손해가 더 큰가 하고 생각하게 된다. 작은 이득 앞에서는 마음이 잘 움직이지 않는다. 큰 비용을 내고도 더 큰 이득이 있다고 하면 갚아야 하는 고통을 감내하고라도 카드를 내민다. 구매를 한다면 5년간 매월 비용 처리를 하며 갚아 나갈 계획이었다. 하지만 총 이자가 무려 1,500만 원이 나가는 걸 알고는 할부로 진행할 수가 없었다. 결국, 무이자 최대 개월 수인 6개월간 비용을 처리하기로 마음먹었다. 사람은 장애가 눈앞에 놓이면 더 강해지고 단단해진다고 했던가?

차를 인도받은 후 나는 사업에 더 집중했다. 나의 집중이란 나의 성장을 위한 배움과 수강생들을 더 빨리 성공시켜 주기 위한 연구였다. 무리수가 주어졌을 때 인생은 한 번 더 점프하던가 한 계단 더 내려가든가 하게 된다. 그 상황을 즐김과 동시에 스트레스를 함께 가져가야 한다. 일을 저지른 후 마무리해 나가는 건 롤러코스터 타는 듯 심장이 쫄깃쫄깃해진다. 하지만 잘 마무리하려고 나의 DNA가 작동한다. 상상이 곧 현실이 될 것이라 믿으며 말이다.

〈한국 중고책 창업 교육센터〉를 찾는 사람들도 그랬다. 방 1칸으로 사업할 수 있는 시스템을 개발한 후 하나둘 사람들이 찾아오기 시작했다. 처음에는 많은 사람이 의심하며 믿지 않았다. 요즘은 넘쳐나는 수익 인증 글들을 읽고 그냥 당연한 듯 믿고 찾아온다. 어느 직장인 아빠는 51세의 나이로 이곳의 첫 수강생이 되었다. 책 유통 사업에 대해 전혀 알지 못한 채 세미나에 참석했었다. 책이라는 주제가 좋아서 왔다는 이분은 부인 몰래 등록을 했다. 중고 책으로 하루빨리 수익을 내지 않으면 안 되는 듯해 보였다. '새로나'라는 별명을 사용했던 이분은 퇴근 후 자투리 시간에 일했다. 처음엔 월 수익 목표가 100만 원이라고 했었는데 7개월쯤 에는 월 수익이 540만 원에 달했다. 그리고 7개월간 1,430만 원의 금액 을 벌었다고 후기로 남겼다. 직장인이 어디 가서 이런 수익을 낼 수 있을 까? 사람들은 나를 만나러 올 때 대부분 이렇게 말을 한다.

"월 50만 원이나 100만 원만 추가 수익이 날 수 있다면 좋겠어요."

하지만 난 그렇게 내버려 두지 않았다. 영업이란 몰라서 못 하는 것이 지 못해서 못 하는 게 아니다. 그들이 능력이 없어서 못 하는 게 아니라 가르치는 사람이 못 가르쳐서 못 하는 것뿐이다. 나의 이 확고한 믿음이 결국 수많은 성공 사업자들을 배출시켰다. 온다고 해서 다 받아 주지 않 는 건 이미 소문이 나 있듯이 아무나 통과되지는 않는다. 전화 상담과 개 인 면담을 거쳐서 나는 사람들을 고른다. 그렇게 통과 의례를 거친 사람 들만 〈노랑반디〉 시스템에 들어오게 된다. 어떻게 해야 성공하는지 원리 만 배운다면 누구나 성공한 사장님이 될 수 있다.

상담할 땐 항상 상대방과 한 몸이 되어야 한다. 무엇을 어떻게 하면 이 사람에게 더 도움이 될까 하고 고민해야 한다. 사람은 누구나 못다 한 꿈 이 있거나 이루고 싶은 소망 한가지씩은 있게 마련이다. 몇 달 전 지방에 서 상담을 온 40대 직장인이 생각난다. 학교 다닐 때 중고 책방에서 많은 책을 사서 읽었다고 했다. 그때 맡곤 했던 쾌쾌한 헌책 냄새가 평생의 로망이 되었다고 한다. 책을 사랑하니 그 냄새까지 사랑했지 않았을까? 그게 향수가 되었는지 언젠가는 헌책방 주인이 되는 게 꿈이었다고 한다. 처음 나를 찾아오려고 약속을 잡아 놓고는 부인의 반대에 부딪혔다.

직장만 다니던 사람이 부업으로 헌책방 일을 배운다고 하니 기가 막혔다고 한다. 심지어 수익까지 낸다고 장담하니 무슨 다단계에 가입한 줄 알았다고 한다. 나는 부인도 함께 네이버 카페의 글을 충분히 읽고 같이 오라고 했다. 우여곡절 끝에 이 부부는 면담을 왔고 부인이 내 앞에서 웃으며 속마음에 품었었던 이야기를 실토했다.

"처음엔 모든 후기가 정말 가짜라고 생각했어요. 하지만 읽다 보니 모든 회원이 한 분 한 분 열심히 땀 흘려서 진실하게 사는 모습에 감동이 밀려오더라고요"

그러며 이렇게 말한다.

"정통멘트가 도대체 뭐길래 시키는 대로 따라 했더니 모두 통하더라고 하나요? 그 부분이 제일 궁금해서 죽겠어요."
상담할 때는 상대방과 온전히 친구가 되어야 한다. 나를 완전히 믿고 올 수 있도록 모든 시스템을 만들어 놓으면 더할 나위 없이 편하다. 어떻게 하는 것이 더 이득이 될지 충분히 납득하게 해주어야 한다. 그러려면 고객을 완전히 알아내는 일부터 먼저 해야 한다. 섣부른 나만의 판단으로 상대방을 설득시키려고 하지 마라. 모든 영업자가 이 부분을 놓치다 보니 고객을 놓친다. 상담이란 고객이 생각지도 못한 이익을 제시할 줄 알아야 한다. 그에 대한 청사진은 명확해야 하며 상대방도 미래를 상상할 수 있어야 한다. 그건 꿈이 될 수도 있지만, 현실이 될 수도 있다는 강한 믿음이 있어야 한다. 상담을 진행할 때는 항상 고객의 이익을 기준으로 대화를 나눠야 하며; 고객이 그걸 받아들이는 순간 훌륭한 상담자가 될 것이다.

6

신뢰를
얻고 싶으면 고객 사례를
들려주어라

하루에도 많은 사람이 자신이 쓰는 정통멘트가 제대로 잘 표현되고 있는지 점검 요청을 해온다. 나에게 피드백 요청을 해 오는 대부분이 영업 초보들이다. 그들이 고객을 만나 상담을 진행했을 때 실패하고 돌아올 확률이 높다는 것이다. 내가 지켜본 실패할 확률이 높은 상담이란 여러 가지가 있다. 그중에서 대표적인 몇 가지를 들어보겠다.

첫째, 고객과 무슨 말을 해야 할지 몰라 머릿속이 하얗게 된다.
둘째, 고객이 질문하면 목소리가 기어들어간다.

셋째. 설득시키려고 설명만 늘어놓을 뿐 비슷한 사례를 들려주지 않아 이해시키기 어렵다.

넷째, 상대방은 생각하지 않은 채 본인의 기준으로만 대화한다.

고객을 만날 때에는 사례를 꼭 넣어서 이야기해야 한다. 대화에서 왜 사례를 많이 넣어야 할까? TV를 보더라도 다큐멘터리보다는 영화가 더 재미있다. 성우가 혼자 하는 해설을 듣다 보면 금방 지루해져 버린다. 상담할 때도 혼자만의 생각을 떠든다면 상대방은 금방 따분함을 느끼며 눈과 생각이 다른 데로 가고 만다. "뭐야? 자기 혼자서 잘난 척 엄청나게 하네." 하고 더는 듣고 싶어 하지 않는다.

오늘 아침에도 신입 수강생 한 분이 고객과의 전화 통화에 대해 피드백을 요청해 왔다. 어제 책을 팔고 싶다는 전화를 받았다고 한다. 무슨 사업이든 고객이 궁금한 건 비슷비슷하다. 중고 책 사업도 처음 배우는 사람들이 가장 어려운 것이 전화에서 가격을 물어 올 때다. 가격을 제시하지 않고 약속을 잡기란 정통멘트를 정확히 배우지 않은 초보 영업자들에겐 정말 하늘의 별 따기다. 피드백을 위해 고객과 통화한 걸 들어보았다. 아쉽게도 배운 그대로 다 써먹지 못하고 덜덜 떠는 마음 상태가 보였다. 고객이 묻는 말에 애써서 대답하려다 보니 할 말이 짧아지고 있었다. 대화 도중에 고객이 자꾸 반문하는 경우는 왜일까? 사람들은 상대방이 혼자 일방적으로 전해주는 말을 믿으려 들지 않는다. 진실을 말하는지도 의심하려 든다. 왜냐하면, 고객도 사람이기 때문이다.

그러다 보니 본인의 생각과 다르다고 느끼면 영업자의 말을 신뢰하지 않게 된다. 그때 필요한 것이 상대방과 비슷했던 사례를 들려주는 것이다. 중고 물품이든 학원 사업이든 화장품 판매든 무엇이라도 상관이 없다. 타인은 어떤 선택을 했고 그래서 그 결과가 어떻게 좋았는지 나빴는지 사람들은 엄청나게 궁금해한다. 논리와 철학으로 설득하려면 정말 힘이 들지만, 타인의 사례를 들면 상대방은 금방 수긍하게 된다. '아하~, 정말 그랬단 말이죠?'라고 말하게 된다.

상대를 설득하는데 사례를 들어주는 것만큼 효과가 좋은 건 없다. 나는 사람들이 필드에 나가 상담을 하기 전에 수많은 조언과 피드백을 해준다. 내가 만든 교육 프로그램이기도 하다. 특히 어떤 물건을 살 때도 이곳보다 더 싼 곳이 없음을 확인해야 직성이 풀리는 시대다. 중고 거래도 내가 받는 금액이 제대로 쳐준 가격인지를 가장 궁금해하고 미심쩍어한다. "그래서 저희 책들이 견적은 얼마나 나오나요?"하고 물어온다.

이때 수요와 공급의 법칙이 어쩌고 하면서 경제 논리를 이야기한다면 어떻게 될까? 고객의 마음을 쉽게 이해시키려면 어려운 단어와 용어는 쉬운 말로 싹 다 바꿔야 한다. 예전에 어떤 수강생이 고객 집에만 갔다 오면 상담에 실패하고 돌아왔다. 두세 번을 연거푸 거절당하고 오는 걸 보고 의아하게 생각했다. 똑 부러지게 말도 잘하고 정통멘트 연습하는 모의 훈련도 꾸준히 하는 사람이어서 더 아이러니했다. 원인을 분석해보려고 그동안 한 미션 연습 사례를 찾아보았다. 아뿔싸! 원인은 바로 그것이었다. 말을 너무 매끄럽게 잘 다듬어버리는 것이었다. 심지어 단어와 어휘를 고급 수준으로 바꿔버린 걸 발견하고 피드백을 해주었다.

"세련된 말과 어휘보다는 적정한 사례를 들려줘보세요. 그럼 더 빨리 이해할 겁니다."

그 후 사례를 대화에 넣은 수강생은 다음 달부터 수익 인증 글을 올리더니, 6개월 후에는 월 500만 원 수익을 냈다는 후기까지 올릴 수 있게 되었다.

중고 책 사업 과정에 등록하면 홍보, 마케팅, 기획부터 전화 약속 잡는 방법, 출판사 책 분석하는 요령, 저렴하게 책을 가져오는 노하우인 정통 멘트, 판매 사이트 잘 팔리는 글쓰기, 전문가로 보이는 알파 테크닉, 택배 물류 방법까지 완벽하게 배울 수 있다. 홍보부터 판매에 이르기까지 평균 2개월 정도 안에 매입과 택배 등 모든 성과가 나타나고 있다. 책이라는 주제가 좋아서 찾아오는 사람이 대부분이라 영업이나 사업은 한 번도 경험이 없는 경우가 많다. 〈한국 중고책 창업 교육센터〉의 카페에는 수백 개의 매입 후기와 수인 인증 글들이 있다.

책 유통 사업 사장님이 되는 법에 있어서 무경험자를 이렇듯 무수히 성공시켜 준 사례는 드물다고 말하고 싶다. 이곳을 찾아오는 사람들은 궁금해하며 질문하는 게 딱 하나 있다. 정통멘트다. 정통멘트는 상대방을 가장 손쉽게 설득시키는 대화 방법일 뿐이다. 열 마디의 설명보다 한 마디의 정통멘트가 더 효과적이다. 사업은 혼자서 깨우치려면 수많은 실패와 좌절이 따른다. 허송세월을 낭비하느니 제대로 배워야 빨리 성공한다는 걸 깨닫게 된다.

강남 테헤란로 쪽에서 매주 열리는 현장 강의가 있을 때면 수강생들의 질문이 쏟아진다. 가장 많은 하소연은 단연코 고객 설득 부분이다.

"이야기하는데 할 말이 별로 없어요. 했던 말만 자꾸 반복하게 돼요."
"무슨 말을 해야 쉽게 이해시킬지 정말 난감해요."

영업 상담을 잘하는 사람은 쉬운 설득 법을 연구하게 된다. 상대방을 설득 못 하는 사람은 없다. 단지 설득하는 방법을 모를 뿐이다. 우리 창업 센터에 신입으로 들어왔던 모든 분도 몇 달이 지나면 척척 전문가가 되어간다. 주위를 둘러보면 설득을 위한 사례는 차고 넘친다. 사례 없이 대화를 나누면 딱딱하지만, 사례를 곁들이면 즐겁고 재미있는 대화가 된다. 재미없는 대화만 한다면 고객은 귀를 닫아 버린다. 재미와 흥미가 없는 대화를 하다 보면 쓸데없는 시간만 낭비하게 된다. 사례를 찾아서 떠올릴 때는 주변에서 쉽게 찾아낼 수 있다.

대상이 주부인가, 남편인가, 회사원인가, 자영업자인가 등등에 따라 소재 거리는 충분하다. 고객의 현재 상황과 비슷했던 경우를 떠올려보면 된다.

1. 문제가 해결된 후 만족하며 고마워했던 경우
2. 구매 고객이 고맙다고 소개해 줬던 경우
3. 문자나 카톡으로 감사 인사를 받은 경우
4. 고민을 들어보고 해결책을 제시해준 사례
매주 진행하는 강의에서 수강생들은 이렇게 말을 한다.

"강의가 어렵지 않고 너무 쉬워요."
"대표님이 알려주는 상황별 사례들을 그대로 외워서 말하면, 상대방이 희한하게 고개를 끄덕이며 수긍을 하더라고요. 신기해요."

사례를 들어 줄 때는 꼭 누구나 경험한 일이어야 한다. 직장을 다녀본 적이 없는 주부에게 직장에서 있었던 사례를 들려주면 곤란하다. 주식을 해본 적이 없는 사람에게 주식 이야기를 하면 동문서답식 대화가 되고 말 것이다.

고객과 대화를 나누다 상대가 이해를 못 한 것 같은 느낌이 오면 그다음 대화로 넘어가면 절대 안 된다. 내 말을 완전히 이해하지 못했다고 절대 고객이 무지하다고 생각해서도 안 된다. 내가 설득이 모자랐다고 재빠르게 인지해야 한다. 이때 필요한 것이 바로 사례를 들어 이야기해 주기다. 내가 하는 강의나 피드백은 사례 비빔밥이라고 해도 과언이 아니다.

'무슨 사례를 들려줘야 이 고객을 이해시킬까?'

이런 생각이 대화 도중 수시로 떠오르는가? 그럼 당신은 이미 상담 고수임이 틀림없다. 오늘 상담에 실패했다면 잘 한번 되짚어보라. 내가 얼마나 사례 없이 건조하고 메마른 이야기만 주고받았는지 알게 될 것이다.

상담에 성공했다고? 그럼 몇 개의 사례를 상대에게 들려줬는지 헤아려

보라. 능변가의 말 속엔 항상 재밋거리가 넘쳐 흐른다. 재미있는 드라마는 시청자들을 사로잡아 묶어 놓는다. TV 앞을 절대 떠나지 않는다. 고객이 내 말에 귀 기울이려고 자리를 뜨지 않게 하고 싶은가? 그럼, 상담이 잘 되는 날에 사용한 사례는 꼭 적어두자. 사례로 사용할 이야기가 많으면 많을수록 계약 확률은 더더욱 높이 올라갈 것이다. 영업, 알고 보면 참 쉽다.

지갑을 여는
말의 법칙을
적용하라

요즘은 남자들도 화장하는 시대다. 등산로에서 유난히 얼굴이 하얀 아저씨가 눈에 띄었다. '피부 참 곱다'라는 생각이 들어서 민망할 정도로 유심히 쳐다봤다. 예전에는 남자가 화장한 모습이 참으로 신선하면서도 의구심이 느껴졌었다. 하지만 몇 해 전 공부한답시고 서울 강남으로 4~5년 다닐 때 보니 비비 크림을 바르고 뽀얀 남자 얼굴은 너무나 흔했다.

여성 전용으로 알고 있던 색조 화장뿐만 아니라 눈썹 문신을 한 남자들도 심심찮게 늘어나고 있다. 짙은 눈썹과 뽀얀 피부를 덧씌운 남자들을 보면 왠지 더 세련돼 보였다.

나도 하지 않으면 뒤처지는 느낌이 들 때가 있다. 10여 년 전 처음으로 눈썹 문신이란 걸 해 봤다. 친구들이 모두 다 하고 와서 자랑을 늘어놓는 통에 엉겁결에 따라갔었다. 저녁 6시쯤 도착한 시술 장은 어느 가정집이었다. 이미 많은 사람이 눈썹 문신을 하려고 방바닥에 누워 있었다. 그렇게 눈썹을 필두로 아이라인도 함께 시술을 받았다. 나중에 보니 눈썹 문신을 하지 않은 사람을 찾기가 더 어려울 정도로 모두 다 하고 다녔다.

여자들은 만나기만 하면 외모나 살 빼기 이야기다. 남이 하면 나도 당연히 따라 하고 싶어지는 게 여자의 심리다. 비용도 크게 부담스럽지 않다면 쉽게 마음이 동한다. 하지만 가격대가 높은 다이어트 상품이나 성형외과 비용은 큰마음을 먹어야만 한다. 말 그대로 돈을 지를까 말까를 고민하게 된다. 어느 날 친구 하나가 눈이 파랗게 부어 짙은 선글라스를 끼고 나타났다.

"너, 눈이 왜 그래? 어디 가서 두들겨 맞았니?" 성형외과 가서 하안검 수술을 하고 왔단다.
"응? 그런 것도 있니?"

5, 6개월이 지난 후 신기하게 흉터 하나 안 보일 정도로 말끔했다. 이리저리 얼굴을 돌려 봐도 수술이 잘된 듯 눈 아래 주름이 확 당겨진 듯했다.

"요 앞에 미용실 원장도 했고, 옆 건물 식당 주인도 했고, 저곳 서점 사장도 했어. 너도 거기 가서 해 봐~"
"모두 다 했다고? 우와~, 나만 몰랐네?"

거울을 유심히 쳐다보니 안 그래도 쳐져 보이는 눈꼬리가 더 쳐져 보였다. 친구 손에 이끌려 이번에 도착한 곳은 강남의 어느 성형외과였다. 무섭고 떨렸지만 모든 걸 감내하고 수술대에 올랐다. 부분 마취 효과가 안 드는 체질인지 몇 시간 동안의 고통을 온몸으로 참아냈다.

독하다, 여자들! 나이가 들면서 생기는 주름은 어쩔 수가 없다. 예뻐지기 위해서 성형외과에 드나드는 사람이 어디 중년뿐일까? 나이를 가리지 않고 이런저런 이유로 얼굴에 손을 댄다. 아름다워지고 싶다기보다 추해 보이는 게 싫어서 비싼 금액 임에도 불구하고 큰맘 먹고 내지른다. 헬스클럽에 다니는 것도 멋진 몸을 만들기 위해서가 아니라, 불어나는 뱃살을 보이기 싫어서 등록한다. 사람들은 나만 뒤처지는 것 같고 외톨이 같은 기분이 들 때 불안하고 두려움을 느낀다.

뒤처지기 싫어하는 마음은 첫애 키울 때도 있었다. "딩동~!" 큰아이가 27개월경 어느 출판사 한글 선생님이 벨을 눌렀다. 소개를 받고 왔다고 해서 엉겁결에 문을 열어 줬다. 바나나, 딸기 등 단어 겨우 내뱉는 아이더러 한글 배우길 권했다. 아직 멀었다고 손사래를 젓는 나에게 그 선생님은 노트 하나를 펼쳐 보여주었다. 거기에는 아파트 꼭대기 층부터 우리 집까지 내려오면서 한글 공부를 신청받은 주소와 이름이 쭉 보였다.

"어머니, 우리 아이 테스트 한번 해 드릴게요."

큰애 손을 이끌고 작은 방으로 들어갔다 나온 선생님은 말했다.

"사물 인지가 충분하니 한글 시작해도 됩니다."

다른 집 아이들도 다 했다는 말에 그만 교재 교구를 사고 말았다. 남들이 다 샀다는데 안 사줄 엄마가 누가 있겠는가? 심지어 그때는 컴퓨터 보급 초창기였으니 유아 교육 정보에는 어두웠다. 그때 그 교재 덕분에 우리 큰애는 울면서 억지 한글 공부를 했던 쓰라린 추억이 있다.

나도 출판사 영업사원을 거쳐 어린이 전집 전문 서점을 운영할 때 이 방법을 쓰면 잘 통했다. 남들이 뭘 선택했는지 넌지시 알려준다. 대다수는 내가 선택한 것이 잘한 것인지 검증을 받고 싶어 한다. 위인전 한 세트를 사더라도 정말 잘 선택했는지 사람들은 자신의 선택을 의심쩍어했다.

영업자 대부분은 자기가 취급하는 회사가 최고라고 우긴다. 그런 말만 듣던 고객들에게 모든 회사를 비교 분석 해주면서 상대에게 가장 잘 맞는 눈높이의 상품을 권하면 두말없이 구매한다. 상담할 때는 화법도 중요하지만 먼저 상품의 비교 능력은 정확히 갖추어야 한다. 그리고 지금 내 앞의 고객과 비슷했던 사례를 들며 내 상담의 도움으로 훗날 더 잘된 경우도 꼭 들려주어야 한다. 상품을 권할 때 판매 데이터를 보여주면 계약이 좀 더 쉽게 됨을 경험하게 된다. 주위엔 결정을 잘 못 하는 사람들이 의외로 많다.

내가 지금 하는 선택이 과연 최선인가? 최고인가? 후회는 안 할까? 후회 없는 선택을 하는 건 쉽지 않다. 그래서 무언가를 결정하기 전 항상 진중하게 고민을 한다. 그런데도 늘 실패하고 후회하는 이유는 무엇일까? 바로 섣부른 판단 때문이다. 새로운 일에 도전할 때도 마찬가지다. 어느 날 부천에 거주하는 주부 한 분이 내 앞에 찾아왔다. 1인 사업가가 되고 싶다며 중고 책 창업을 배워 경제적 독립을 하고 싶다고 했다. 해외 직구 중개 거래를 배우기 위해 수강권을 구매해 강의를 들었다고 한다.

쉽게 할 수 있을 것 같았는데 막상 배워보니 본인과는 전혀 맞지 않았다고 한다. 생전 처음 보는 물건을 고객들이 물어오면 대답을 해줄 수가 없을 뿐 아니라 해외 상품이다 보니 모든게 낯설었다고 한다.

공장 아르바이트도 해 봤지만, 종일 너무 바쁘게 부려먹어 다리가 퉁퉁 붓도록 움직여야 했다고 한다. 빵집에서 아르바이트할 때는 공간이 비좁아 5명이 움직이면 팔이 데기도 했다고 한다. 세상에 쉬운 일이 어디 있으랴. 그럼 우리 중고 책 창업은 책이 무거울 텐데 왜 해보고 싶은지 물었다. 지금 하는 아르바이트가 힘든 일에 비해 월 180만 원만 받는데 너무 적다고 했다. 내 유튜브와 카페 게시글을 거의 읽어보니 자신도 꼭 하고 싶다는 생각이 들었다고 했다. 남편의 무거운 어깨를 좀 들어주고 싶기도 하고, 두 자녀가 원하는 것도 무엇이든지 다 해주고 싶다고 했다. 온 가족이 소소하게 국내 여행을 구석구석 다녀보고 싶다고도 했다.

1인 창업을 도와주는 일을 처음 할 때는 이렇지 않았었다. 내가 하는 말을 사람들은 믿지 않았다. 하지만 요즘은 카페에 누적된 회원들의 진솔한 후기들이 넘쳐나다 보니 별다른 말을 안 해도 많은 사람이 찾아온다. 그들은 자기랑 닮은 사람들의 성공한 모습을 훑어보고 비슷한 사람이 되고 싶어 한다. 평범했던 주부가 고객을 만나 당당히 싸게 흥정해 오는 후기는 의아함을 자아내기에 충분하다.

'정말 이게 가능할까?'

반신반의하면서도 배우고 싶다고 도전장을 내민다. 인터넷 세상에서는 진실만 통하는 시대다. 선생님이 되고 싶었던 한을 난 우리 수강생분들에게 열정으로 다 쏟아 낸다. 영업 왕초보인 이들이 현장에서 성공하고 온 후기를 올릴 때마다 나는 감격한다.

요즘은 SNS가 너무 발달해 있다. 인터넷 공간을 잘만 활용하면 사업은 의외로 쉽게 풀린다. 취급하는 상품이 고가일 경우에는 더욱 가상 공간을 잘 사용해야 한다. 언제까지 과거의 방법으로 사업을 해서는 안 된다. 내가 말하는 사업이나 영업은 항상 1인 영업자를 말한다. 아직도 아파트 1층 게시판에는 무수한 전단이 붙여져 있다. 공부방, 네일샵, 학원 등이 단골이다. 보험, 건강식품, 음식점 등 무슨 업종이든지 원리는 단하나다. '제대로만 보여주면 고객은 스스로 결정한다.'라는 것이다.

고객의 지갑을 열기는 아주 간단하다. 상대를 설득하기 어려운 게 아니라 당신이 어렵게 영업을 하고 있을 뿐이다. 제품 자랑으로 승부를 거는 건 한계가 있다. 제품 파일을 넘기거나 PPT 자료를 넘기는 브리핑도 하지 마라. 고객이 원하는 건 따로 있다. '그래서 나랑 비슷한 사람들은 이것을 선택한 후 어떻게 되었나요?' 궁금한 건 단지 이것뿐이다. 제품을 설명하지 말고 내 고객들의 생생한 후기를 보여주고 들려줘라. 그들이 궁금해하는 부분을 머릿속에 연상되게 해주면 된다. 원하고, 되고 싶고, 갖고 싶은 걸 얻을 수 있게 믿음을 주어라. 상상에 최면이 걸리는 순간 지갑은 열린다.

실패하는
사람들의 9가지
특징

실패하는 사람들은 자신이 왜 실패했는지 이유를 잘 모른다. 아니 어떻게 하면 성공하는지 기준도 없다. 막연히 열심히만 하면 잘할 수 있을 것 같은 느낌에 목표 없이 도전하는 경우가 많다. 나도 처음 영업을 시도했을 때 그랬다. 보험 회사 1년 다닐 때도 막연히 열심히만 했다. 그리고 출판사 영업에 처음 도전했을 때도 유명 업체면 잘 팔릴 줄 알았다. 하지만 결과는 생각과 영 딴판이었다.

상품에 대해 어느 정도 공부가 끝났다면 이제 사람 공부를 해야 한다.

어떻게 하면 상대가 나를 신뢰하게 될까를 연구해야 한다. 우리 수강생 중에 똑 부러지게 말을 잘하는 여자 한 분이 계셨다. 30대 초반인 이분은 다른 4~50대보다 암기하는 능력이 훨씬 빨랐다. 상담 매뉴얼을 줄줄 외우는 이분이 희한하게도 전화 약속을 잡는 데 자꾸 실패하는 게 아닌가? 이 수강생에게 고객과 어떤 대화를 나누었는지 진단을 하기 위해 통화내용을 들어보았다. 통화 속 고객의 목소리는 아주 어려 보였다. 말끝마다 '네, 네!'라고 말을 붙이며 목소리 속도도 빨랐다. 회사에 막 입사한 신입사원처럼 느껴졌다.

영업자는 전문가처럼 보여야 한다. 하지만 대화 속 두 사람은 또래 친구끼리 대화하는 것처럼 느껴졌다. 그랬더니 고객은 본인이 알고 싶은 것만 질문하며 정보만 쏙 알아내고는 그냥 대화를 끊어버렸다. 대화할 때는 상대방 말 속도보다 약간 한 템포 느리게 해야 한다. 여유롭게 행동한다는 건 직급이 높거나 상대보다 더 많이 알고 있는 상태에서 나온다. 말은 상대보다 느리게, 말의 크기는 상대보다 약간 더 크게 해야 한다. 톤을 더 높게 하라는 건 아니다.

말의 톤 높이도 조절해야 한다. 나는 그냥 뉴스에 나오는 아나운서 톤 높이 정도를 권한다. 특히 여자분들은 도, 레, 미, 파, 솔, 라 중에서 미, 파를 유지하라고 한다. 영업자의 목소리가 솔, 특히 라 음까지 올라가면 상대는 영업자를 쉽게 여기고 단번에 '생각 좀 더 해볼게요'라고 거절한다. 고객센터 상담사의 목소리는 대부분 상냥하고 톤이 높다. 나에게 친절할 것 같고 화를 전혀 안 낼 것 같다. 쉽게 거절해도 될 것 같은 느낌을 준다. 우리 뇌는 기억하고 있다.

혹시 책상에 편하게 앉아서 전화를 받는가? 앉아서 받는지 누워서 받는지 서서 반갑게 받는지 전화기 너머로 다 보인다. 전화 상담 때 상대가 나를 보지 못한다고 생각하면 착각이다. 10년 만에 만난 내 자녀를 보듯 반가운 마음으로 대해야 한다. 표정은 또 어때야 할까? 주위에 영업 잘하는 사람들의 표정을 한번 보라. 영업이 잘돼서 웃고 다닐까? 웃고 다니니까 영업이 잘되는 걸까? 내 얼굴은 꽃이다. 피지 않는 꽃보다 활짝 핀 꽃이 더 아름답다. 웃는 얼굴은 꽃 한 송이를 선물하는 효과만큼이나 상대를 기분 좋게 만든다. 웃는 표정은 고객이 쉽게 거절 못 하게 하는 특급 비법이다.

처음 영업했을 때 나는 다 죽어가는 얼굴이었다. 설득의 기술, 상담 기법, 상담 매뉴얼 이런 교육은 들어 본 적이 없었다. 자연스레 실패와 거절을 밥 먹듯 당했다. 그랬던 내가 20년이 지난 지금은 성공 사업자를 배출하는 일을 하고 있다. 요즘은 배울 마음만 먹으면 온라인으로 쉽게 공부할 수 있는 시대다. 더군다나 1인 지식창업을 하고 싶은데 나처럼 되고 싶다는 사람이 많아졌다.

대전에 사는 수학 학원 원장님이 더 많은 수입을 만들고자 중고책 창업 반에 등록했었다. 상담 정통멘트를 학원에 찾아온 고객에게 비틀어서 적용해 보았다고 한다. 그랬더니 수강 등록받기가 훨씬 쉬워지더라는 것이다. 결국, 이분은 더 큰 사업 프로세스를 위해 지식창업 수업반으로 아예 옮겨 수업을 받고 있다.

상대방이 쉽게 나를 믿어버리는 현상. 전문가 포지셔닝이다. 지난번 수업에 와서는 지난주 4명을 상담하고 모두 등록을 받았다며 신나 했다. 수업에 들어올 때 항상 커피와 빵을 준비해 오며 배우길 잘했다며 고맙다는 말을 잊지 않는다. 심지어 어떤 학부모가 자녀 대동 없이 수학 학원 상담을 왔다고 한다. 싹싹한 엄마와 달리 아빠는 팔짱을 끼고 상담 내내 째려보듯이 대화에 응했다고 한다. 배운 대로 상담 매뉴얼을 고쳐서 대화에 적용을 해보았다고 한다. 상담을 이끌다가 잠시 자료를 가지러 나오며 문을 약간 열어놓고 나왔다고 한다. 등 뒤로 들리는 말이, "저 원장은 뭐가 저리 잘났어?" 그랬던 학부모도 등록하고 갔다고 한다. 심지어 다른 학부모 엄마까지 소개해줬다고 했다.

2017년부터 수많은 사람이 나의 강의를 듣고 피드백을 받았다. 가르치면서 실력이 는다는 말을 실감하고 있다. 수학 선생님이 원주율 수업을 눈감고도 할 수 있는 이유는? 그렇다. 여러 번 반복 강의를 하니 경지에 오를 수밖에 없는 원리다. 사실 선생님들은 가르치는 게 전문이지 클로징이 전문은 아니잖은가? 그런데도 상담 매뉴얼 몇 개 바꾸고 상담 화법 조금 바꾼 것밖에 없는데 수입이 오르기 시작한다.

상담에 실패하는 요소는 많다. 큰 실수로 상대를 놓쳤을 때는 본인이 금방 뉘우치고 깨닫는다. 하지만 나름대로 열심히 상담했는데도 실패할 땐 내가 왜 실패했는지 그 이유조차 모르고 지나가는 경유가 허다하다. 이게 문제다. 내가 무엇을 고치고 바꿔야 할지 알아야 한다. 이 부분만 정확히 진단할 수 있다면 그리고 바꿀 수만 있다면 결과는 어떻게 달라질까? 똑같은 시간을 일하고 남들이 버는 평균보다 가뿐히 3배 정도는 더 벌 수 있을 것이다. 그게 중고 책 매입이라면 가장 싸게 매입하는 화술, 정통멘트를 배워야 한다. 그것이 학원 사업이나 공부방 운영이라면 상담 스킬을 바꿔야 한다.

상담에 실패하는 사람들의 9가지 특징은 다음과 같다.

첫째, 자신감이 없다. 주눅이 들어있다. 고객을 왕으로 생각한다.
둘째, 목소리의 톤, 억양, 발음을 스스로 점검하지 않는다.

셋째, 표정이 무뚝뚝하거나 웃지 않는다. 웃어도 성공자처럼 행복한 얼굴이 아니다.

넷째, 어깨와 자세가 구부정하다. 금방이라도 굽실거릴 태세다.

다섯째, 상담 매뉴얼이 제대로 되어있지 않다.

여섯째, 온라인에서 포지셔닝이 되어있지 않다.

일곱째, 본사나 상사의 교육 방법만 평생 따르고 배움이 없다.

여덟째, 정통멘트가 없고 고객에게 매달리는 영업을 한다.

아홉째, 내비게이션 역할을 하는 멘토, 스승이 없다.

2020년 수강생 중에 '럭키파더'라는 닉네임의 수강생이 있다. 월급만으로는 주택 대출금에 커가는 아이들 학원비며 마이너스 통장 이자 갚고 나면 항상 모자랐다고 한다. 당시 택배, 퀵서비스, 아르바이트 등 부업 앱이란 앱은 다 깔고 투잡을 알아봤다고 했다. 어느 날 부인의 권유로 사업을 배우기 시작했다.

두 달 후 첫 수익이 월 97만 원을 찍더니 최고 수익이 월 440만 원까지 올라갔다. 정통멘트를 내 것으로 만들기 위해 온라인 강의를 듣고 대본 없이 외우기 위해 노력하는 데 14일이 걸렸다고 한다. 처음에는 믿지 않았지만 이제 대표님이 만든 시스템에 대한 믿음이 생기고 점점 수익이 늘어나니 기분이 좋아서 잠이 오지 않았다고 후기에 적혀 있다.

경제적으로 심적으로 어려울 때 돈을 벌게 되니 자신감과 높아지고 건강도 좋아져서 그로 인해 온 가족이 행복해지고 있다고 한다. 심지어 제주도 워터파크로 가족 여행을 일주일씩이나 다녀왔다고 자랑한다. 내 수강생 중에는 이런 후기 글은 비일비재하다. 새로운 일에 대한 두려움은 있었겠지만 결국, 그걸 떨쳐내기 위해 왜 이 일을 해야만 하는지에 대한 절박함, 자신감, 실행력을 갖춘 것이 성공의 요인이었다고 적어 냈다.

영업은 내 인생을 바꿀 수 있다. 가족들이 더 행복해질 수 있다. 마이너스 통장과 쪼들림에서 해방될 수 있다. 내가 왜 성공할 수 없다고 생각하는가? 누구에게나 성공할 기회가 널리고 널려 있다. 내가 왜 실패하는지 정확한 진단을 받아야 한다. 영업에 실패하고 다닌다는 건 내가 몸이 아픈 것과 같은 것이다. 알면 헤쳐나갈 방법을 찾을 수 있다. 고객과의 상담에서 허우적거리지 말고 원인을 찾아내라. 그리고 실패의 원인을 싹 다 바꿔라. 당신도 거절당하지 않고 성공할 수 있다.

4장

영업 고수가
현장에서 바로 쓰는
대화 스킬

전화
약속에서부터 알파가
되어라

전화나 문자도 골라 받는 시대다. 편하다고 만든 내 손 안의 핸드폰 기계 때문에 눈과 귀는 종일 바쁘다. 통화 받거나 답장도 골라서 한다. 해야 할 일들이 너무 많이 쌓여 있다 보니 무엇부터 처리해야 할지 모른다. 서점 운영을 할 때는 대형 마트에서 한가로이 시장도 봤었는데 이젠 그것조차도 호사스럽게 느껴지고 그립다.

정신없는 찰나에 예전 영업 사무실에서 함께 근무했던 후배에게서 어느 날 전화가 왔다.

"미숙아, 오랜만이네? 그래, 요즘은 뭐 하고 지내니?"

"응, 언니야, 나 요즘 건강식품회사 다니는데 여기 수당 체계가 너무 좋아. 언니도 한번 만나서 들어봐~"

"그러니? 언니는 내 사업도 눈코 뜰 새 없이 바빠서 그쪽 사업은 관심이 없단다. 우리 미숙이가 건강식품 한다니 제품은 사서 먹어봐야겠네? 안 그래도 언니는 건강식품 마니아잖아~, 나중에 밥이나 한번 먹으며 제품이 뭐 있나 한번 들어보고 살게."

아이코! 이 전화를 하고부터 문자가 수시로 온다. '언니야, 밥 먹자'라고 하면 마음이 편할 텐데, 자꾸만 사업 설명회를 들어보라고 하니 부담 백배다. 차 한잔 마시며 수다도 떨고 싶지만 내 손가락은 답장을 미루고 있다. 후배와 만나는 자리가 웃고 떠드는 음식점이 아니라 다단계 사무실이 될 수 있으니까. 영업을 위해 당장이라도 손목을 끌고 갈 태세가 느껴진다. 이렇게 하면 어떨까?

"응~, 언니야, 밥 한번 먹자. 오늘 먹을까? 그리고 언니야, 언니도 조금 바쁘겠지만 나도 요즘 아주 바빠서 밥만 먹고 나와야 할지도 몰라. 혹시 이야기하다가 내가 하는 일을 들려주느라 만나는 시간이 조금 더 길어질 수도 있을 거야, 언니도 바쁠 텐데 혹시 그 정도 시간은 괜찮을까 언니?"

이렇게 상대방을 먼저 배려하는 말로 여유를 던져보자. "응, 괜찮아"라는 말을 쉽게 내뱉도록 밑말을 깔아주어야 한다. 일 이야기를 할 수도 있다는 뉘앙스 정도만 풍겨놓고 만난 후 사업 이야기를 마음껏 해도 된다. 상대와 약속이 잘 잡히지 않을 때는 꼭 점검해봐야 한다. 전화나 문자를 할 때 매달리거나 애원하는 듯한 느낌으로 다가가는 건 아닌지. 그런 모습은 나 자신을 더 초라하게 만들 뿐이다. 고객은 당당한 사람을 좋아한다.

35세 가장이 어느 날 나를 찾아왔다. 무슨 일을 하는지 물어보니 인테리어 공사 후 잔손질하는 일을 한다고 했다. 친구 한 명이 온 식구가 매달려서 하는데, 집도 좋고, 차도 외제 차에 심지어 씀씀이도 좋아 보여서 다른 곳에 찾아가 배웠다고 했다.

"그래서 현재 수입은 얼마인가요?"

"120만 원 정도입니다."

"배웠다면 얼마 주고 배웠나요?"

"네, 350만 원 주고 배웠습니다."

"네? 그럼 제대로 배웠겠네요? 블로그 홍보 쓰는 건 안 배웠나요?"

"네! 배웠습니다. 전화는 무지 옵니다."

"그럼 됐잖아요. 그런데 왜 이것밖에 못 버시나요?"

"아휴~ 전화로 '견적이 얼마인가요?'만 묻고 대부분 생각해본다며 끊어버려요."

고객이 견적을 물어와도 가격을 제시하지 않고 약속 잡는 대화법이 있다. 이 사람은 홍보와 시공 등 기술적인 영역은 배웠어도 대화의 기술, 설득의 기술, 즉 화술을 배우지는 못한 듯했다. 그러니 홍보만 잘 되면 뭣하나? 견적만 묻는 전화를 대처 못하면 정보만 쏙 주는 꼴이 되고 약속은 안 잡힌다. 전화로 모든 걸 다 알려줘버렸으니 당연하다. 가격을 끈질기게 물고 늘어질 때 대처하는 방법과 화법은 간단하다. 먼저, 고객을 잡으려는 욕심을 버려야 한다. 일과 돈에 욕심을 내는 속마음이 들키면 고객은 미꾸라지처럼 금방 숨어버린다. 그렇다고 방문해서 현장을 보고 견적을 내준다고 해도 끈질기게 물어올 것이다. 이때 자꾸 집에 방문해봐야 알 수 있다고 약속 먼저 잡으려 들면 어떻게 될까? 그 집이 아니더라도 일이 산더미처럼 쌓여 있는 것처럼 보여야 한다. 그럴 땐 이렇게 한번 질문해본다.

"만약에 리모델링 공사를 한다면 언제부터 할 계획이세요?" 그럼 고객이 술술 자기의 생각과 일정을 말하게 된다. "그렇다면 우리가 마침 그 주위에 공사 일정이 있어서, 지나가는 길에 한번 가봐드릴 수는 있습니다. 간다고 모두 시공 계약을 하는 게 아니다 보니 우리도 이 공사를 받아야 할지 말아야 할지는 막상 가보고 판단해야 할 부분입니다. 혹시 모르니 그 정도는 생각하고 계세요. 아셨죠?"라고 말을 하면 고객은 엉겁결에 "네."라고 답하게 된다.

우리는 그쪽 공사에 별로 큰 의미를 두지 않음을 보여줘야 한다. 그렇게 되면 고객도 가벼운 마음으로 견적을 받을 수 있게 된다. "아까 ○○동이라고 하셨죠? 그럼 언제쯤 한번 가봐드릴까요?"라며 약속을 술술 잡아나가면 된다. 이렇게 말을 하면 우리가 이 공사를 굳이 따내려고 애쓴다는 느낌을 주지 않는다. 오로지 고객님 당신을 위해 우리가 작은 수고로움은 있지만 '도움을 드리러 간다는 느낌'이 전달되면 약속은 십중팔구 잡힌다. 일단 만나야 할 것이 아닌가? 왜 전화에서 모든 걸 마무리 지어주는지 이해할 수가 없다. 고객이 원하는 대로 답을 해주지 말고 우리가 원하는 대로 고객을 끌고 가야 한다.

수제 케이크를 만들어 파는 사람이 어느 날 수강 등록을 했었다. 지금 하시는 일도 충분할 텐데 왜 이 일을 배워보고 싶은지 물어보았다. 케이크 판매가 예상했던 것보다 영 시원찮아서 수입이 거의 없다고 했다. 마침 책을 너무 좋아하다 보니 중고 책 유통을 배워보고 싶어 했다. 그렇게 시작을 하고 한 달 반쯤 지났을까? 어느 날 저녁 8시쯤에 카톡이 줄줄이 들어왔다. 케이크가 갑자기 잘 팔려서 나더러 고맙다는 요지였는데 도무

지 무슨 말인지 몰라서 통화했다. 그랬더니 전화 통화 첫마디가

"대표님~ 저 수제 케이크 주문을 너무 잘 받고 있어요"라는 말이었다. 그분은 흥분을 감추지 못하고 있었다. 제품을 인스타그램에 사진을 올려 놓으면 그동안은 문의가 왔어도 다 놓쳤다고 한다. 그런데 요즘은 전화 가 오면 대부분 주문을 받아낸다며 흥분했다. 듣는 나도 의아한 생각이 들어 물어보지 않을 수 없었다.

"불과 한 달 반 만에 어떻게 그렇게 된 건가요?"

중고 책 유통 사업의 동영상 강의 중에 전화 정통멘트를 본업에도 비 틀어서 적용을 해보았단다. 그랬더니 주문을 척척 받아내는 게 아무래도 그것 때문인 것 같다며 좋아 죽으려고 한다.

이분은 그 후로 책 사업은 접어버리고 본업으로 돌아가버렸다. 여기서 안타까운 부분이 있어서 나는 항상 말을 한다.

"책 사업 배우러 왔다가 본업이 더 잘 되는 현상이 분명히 두 달쯤에 나타날 겁니다. 그렇다고 절대로 나와의 인연을 끊고 되돌아가지 마세 요."

작은 것 하나 실천하는 중에 그 정도 효과면 1년을 더 배우면 얼마나 번창할까? 하지만 그 당시에는 "예"라고 말했던 사람들도 거기서 멈추고 본업으로 되돌아가 돈 벌기에만 바쁠 뿐 공부는 손에서 놓아버리는 경우가 있다.

전화 상담 화법 하나만 고쳐도 매출이 확 오른다. 전화로 고객을 위해 충실히 정성을 다해 설명해주면 고맙다고 할까? 천만의 말씀이다.

전화 통화의 본질은 '꼭 나여야 하는 이유'를 갖고 있어야 한다. 고객이 나를 선택하고 싶게 하라' 이게 알파의 영업이다. 상대가 나를 선택하면 좋을 것 같은 확신과 믿음과 기대치를 갖게 하라. 상대방의 이득 기준으로 대화하여 고객이 스스로 결정하게끔 도와주는 것, 그것이 전화 상담의 포인트다.

첫 만남
순간부터 어색함 없이
리드하라

낯선 사람을 처음 만나는데 어색하지 않을 때가 있을까? 한 사람이 아닌 서너 명이나 모르는 사람이 단체 속에 끼어 있을 때는 더욱 그러하다. 말을 안 하고 가만히 있자니 소외된 듯하고 끼어들자니 도무지 무슨 말을 해야 할지 난감할 때가 많다. 낯선 자리에서 왠지 저 사람 옆으로 가고 싶을 때가 있다. 나도 모르게 발걸음이 향하고 있는 걸 발견한다. 맞다. 바로 웃는 얼굴로 크게 호탕하게 말하는 사람 옆이다.

예전에 남이섬에 단체로 야외 수업을 하러 간 적이 있었다. 워낙 배움을 좋아하는 터라 낯선 사람을 만날 기회가 많았다. 의자에 앉아서 공부할 때는 아는 학우 옆에 앉아서 짝꿍이라도 하지만 야외는 사람들이 흩어지게 되어 있다. 그때 유독 끌리는 사람이 한 명 있었다. 하는 일이 무엇인지 기억이 잘 안 나지만 지금도 그 여자분의 웃는 얼굴만 뇌리에 남아 있다. 낯선 자리가 어색해도 늘 생긋거리며 미소 짓고 있었고 입술 양옆의 두 꼬리는 항상 올라가 있었다. 웃고 있는 표정이 좋아서인지 그 사람 옆에 유독 사람들이 모였다. 나도 웃는 표정을 위해 정말 많이 노력했었다. 볼펜과 마커를 물고 있다가 그대로 빼낸 상태로 웃는 얼굴 사진 찍기를 4년 넘게 매일 했다.

어느 날 고향 친구들과 중국 '장가계'라는 곳에 여행을 가게 되었다. 사진 담당이었던 친구가 여행 내내 셀카봉을 들고 사진을 찍어주었다. 그때 그 친구가 이렇게 말을 했다.

"선옥아, 너는 왜 자꾸 그렇게 입을 벌리고 찍니?" 그때도 난 매일 의식적으로 웃는 연습을 하고 있었다. 그것도 24시간.

"어머~ 대표님~, 정말 아름다우세요~, 사진이나 유튜브보다 실물이 훨씬 더 나은데요?" 이 말을 들으면 빈말인 줄 알면서도 기분이 너무 좋다. 예전에는 무뚝뚝하고 화난 듯한 표정이어서 "혹시 어디 아프니? 걱정이라도 있는 거야?" 항상 이런 말을 들었던 나였다.

낯선 자리에서 내게 말을 걸어오는 사람은 없었다. 이 말을 하면 나의 지인들은 수긍할 것이다. 아무리 미인이라도 무표정할 때는 말 걸기조차 어렵고 쌀쌀해 보이기 마련이다. 미인이 아닌 나는 더욱 그러했다. 낯선 사람을 만날 땐 일단 입 근육 운동부터 해야 한다. 웃는 얼굴로 다가갔다면 그다음은 무슨 말을 해야 할까? 적어도 영업을 하는 사람이라면 첫 대화부터 대화의 주도권을 잡아야 한다. 가정 방문을 하는 영업이든 커피숍이나 사업장 방문일 때도 마찬가지다. 이때 필요한 것이 첫 대화에서 무조건 '예스 3번'을 이끌어놓고 시작해야 한다. 이 작업을 해놓지 않으면 대화는 방향을 잃고 빙빙 겉돌게 된다. 중요한 세 마디의 대화는 첫 만남에서 절대 놓치지 말아야 할 핵심이다.

상황을 자세히 보면 이렇다. 예전에 어느 사람에게서 헌책을 팔고 새 책을 집안에 들여놓고자 상담 전화가 왔다. 그 집 아이는 일곱 살이었으며 모두 한 출판사 전집을 갖고 있었다. 그리고 두 달 후 이사 예정이라고 했다. 사는 집은 이미 매매가 된 상황이었고 이사 가는 곳은 전세로 간다고 했다. 그래서 이사하기 전에 책들을 물갈이하고 싶어 했다. 우리 영업자들은 다 안다. 이런다고 고객이 방문 상담 후 내가 하는 이야기에 모두 수긍하지 않을 수 있다는 걸. 그 비싼 책들을 중고로 덥석 내어 주거나 새 책을 곧바로 구매하지 않을 수 있다는 사실을 유념하고 있어야 한다.

어떻게 처음 만나서 인사할 때부터 '예스'라는 대답을 세 번 끌어낼 수 있을까?

"안녕하세요? 아침 식사는 하셨나요?"

"아뇨, 전 아침을 거르는 타입입니다."

"오늘 바깥 날씨가 꽤 춥네요."

"아, 그래요? 아직 전 밖을 안 나가봐서요."

"평일이라 남편은 출근하셨겠네요?"

"아뇨, 야간 근무라 지금 자고 있어요."

모두 '노'라는 부정적 대답이 돌아올 수도 있는 대화다. 첫 대화에서 '노'를 대답한 고객은 부정적인 마음이 알게 모르게 쌓이기 마련이다. 그럼 어떤 질문을 해야 자연스럽게 아무에게서나 '예스'라는 말을 끌어낼 수 있을까?

"안녕하세요? 잠깐 들어가도 되죠?"

"네."

"아이가 일곱 살이라고 했었나요?"

"네."

"두 달 후에 이사 간다고 하셨죠?"

"아~ 네."

"헌책 빼고 새 책으로 채워서 가고 싶다고 했었죠?"

"네."

예스 세 번의 화술은 내가 이미 파악한 고객의 정보를 기초로 만들면 된다. 처음 만나는 상황이거나 오래간만에 만나는 고객이나 지인일 때 유용한 화술이다.

수강생들이 현장으로 약속 잡아 나갈 때는 반드시 멘트를 점검해 주고 내보낸다. 전화로 롤플레잉을 시켜보고 수정하고 보완해야 할 대화는 일일이 피드백으로 도와주고 있다. 첫 대면에서 고객은 이미 이 사람과 거래를 해야 할지 말아야 할지 단정을 짓게 된다. 그만큼 첫 대화가 중요하다. 이미지가 아무리 좋고 전문가다워 보여도 첫 단추를 잘못 끼우면 보기 좋게 퇴짜를 당하기 일쑤다. 고객을 끌고 가지 못하면 영원히 을의 자리에 서 있게 된다.

2017년부터 컨설팅을 하다 보면 참으로 다양한 직업의 사람들이 온다. 예전에 정수기 관리하는 40대 주부가 내 수강생이 되었다. 이분은 갑의 영업, 을의 영업 이야기를 나눌 때 거의 하소연을 하다시피 했다. 정수기 관리를 들어가면 고객들이 고급스러운 대우를 받기를 원하며 행동한다고 했다. 왜 그런가? 이유를 물어보았다. 정수기 업체 이름이 S0, L0, 웅O 정수기처럼 모두 대기업 간판이다 보니 월 3만 원대 렌탈료를 내면서 대우는 깍듯이 받고 싶어 한다는 것이었다.

말하는 투가 부하직원을 다루듯 하대를 한다며 멘탈이 상당히 나가 있었다. 그래서 이분에게 짧고 굵게 한 가지만 알려주며 녹음본도 주고 돌려보냈다. 그건 바로 현관 입구에 들어서면서 고객을 내 편으로 만드는 예스 세 번 끌어내는 대화법이었다.

"대표님~, 감사해요. 그 말들을 써먹었더니 진짜로 고객들이 나를 대하는 태도가 달라졌어요~"

말 한마디 바꿨을 뿐인데 상황은 모두 나를 위한 설계로 움직이게 되는 현상을 경험하게 된다. 영업이란 사실 몰라서 못 하는 것뿐이다. 능력이 없는 사람을 데려왔으면 실력 있는 사람으로 개조시키면 간단하다. 그래서 영업을 하러 갈 게 아니라 영업을 잘하는 사람을 찾아가야 한다.

첫 만남부터 패배자의 길을 걷는 영업인들이 있다. 무슨 말부터 시작해야 하는지 대화의 원리를 모르다 보니 횡설수설하며 엉뚱한 이야기만 늘어놓는다. 어제 TV 드라마 이야기부터 본인이 자동차 사고 난 이야기

등 사회적인 이유나 내 개인적인 이슈까지 두서없이 꺼내놓는다. 쓸모없는 이야기만 테이블 위에 차곡차곡 쌓여간다. 이런 넋두리를 하다 보면 영업자 자신조차 헷갈리기 시작한다. 본론은 도대체 언제 꺼낼까 하고 속으로 마음졸이고 있다가 에라, 모르겠다 싶은 생각과 함께 곧바로 본론으로 들어간다.

"언니야, 언니도 이 건강식품 한번 해봐~"
"사장님, 자영업자들은 노후준비가 안 돼 있잖아요. 이번에 나온 연금이⋯."

남의 이야기를 듣기만 좋아하는 사람은 별로 없다. 누구나 본인의 관심사에 관해 이야기하길 좋아한다. 내 이야기를 할 때 머릿속은 이미 그때 그 상황 속의 현장에 가 있다. 하나라도 더 얘기해주고 싶은 마음에 목소리는 커지고 말을 더욱 빨라지게 된다. 이때 행여나 상대가 내 말을 자르면 그 대화 자리는 재미없어지게 되고 만다.

처음 만나는 순간에는 고객의 이야기를 서두로 꺼내라. 전화 통화에서 알아낸 정보로 근황을 질문하라. 이때 가장 중요한 건 웃는 얼굴로 어색함을 없애야 한다. 고객에게 제품 정보를 알려주거나 가르치려 들면 안 된다. 또한, 어떤 특정 제품을 강요하거나 밀어붙이려 만나면 큰 낭패를 당한다. 모든 상담은 서로 대화를 주고받는 것이다. 나를 가장 잘 알고 내 말에 가장 동조를 잘 해주는 사람에게 사람은 끌리게 마련이다. 대화를 던지고 그다음에는 받을 준비를 해라. 첫 만남에서 대화를 주도하기란 생각보다 쉽다.

고객의
상황을 정확히
파악하라

어릴 적 개울 길을 건너려면 돌다리를 밟고 지나가야 했다. 돌다리 중에는 꼭 흔들리는 이빨처럼 단단하게 박혀 있지 않고 붕 떠 있는 게 하나씩은 있었다. 한겨울에 건너다 넘어지기라도 하면 정말 낭패다. 순간 차가운 냇물에 퐁당 빠지게 된다. 심 봉사도 길을 걸을 땐 지팡이로 더듬으며 걷는다. 하물며 매일 누군가를 만나고 이야기하는 일상은 더욱 그러하다. 어린아이가 엄마랑 이야기하다 울어버리고 떼쓰는 이유가 뭔지 곰곰이 생각해본 적이 있는가? 중학생이 되더니 방문을 꼭 걸어 잠가버리는 걸 사춘기라 단정을 지어버리진 않았는가?

대화하고 싶지 않은 아이들에게 물어보면 뭐라고 할까? 일방적으로 훈계만 하는 어른들의 말을 더는 듣고 싶어 하지 않는다. '엄마는 알지도 못하면서 내게 말하지 마! 더 듣고 싶지 않아.'라는 기조가 마음에 깔려 있다.

상담하는 직업이라면 상대에 대해 정확히 파악하는 게 중요하다. 작년 어느 날 영업을 배우러 온 수강생이 있었다. 등록 후 보름쯤 지났을 때 "내일 손님 집에 방문하는데 뭘 팔면 좋을지 멘트를 알려달라"는 것이었다. 가만히 들어보니 그새 H 출판사에 들어가서 판매사원 교육을 받았다고 한다. 대형 할인점에서 단체 홍보를 하며 고객 정보를 받았는데 오늘 첫 약속을 잡았단다. 피드백을 주기 위해 방문할 고객에 대해 알고 있는 정보를 말해달라고 했다. 아이가 5세라는 것과 전화번호만 있는 상태에서 약속을 잡았다고 한다. 쩝! 베테랑도 아닌 완전 신입사원이 첫 만남에서 팔려는 생각부터 하다니. 어째 과거의 내가 떠올랐다. 그분에게 나는 이렇게 조언을 해주었다.

"이번 첫 방문에서는 절대 책을 팔려 하지 마세요. 행여 그분이 스스로 이 전집 주세요, 하기 전에는 말이죠. 그러니 이번 방문에서 당신이 해야 할 일은 다음 방문에 가서 성공하기 위한 고객의 현재 상황을 조사해 와서 내게 알려주는 것입니다."

그리고는 어떤 대화를 하며, 무엇을 알아내고 와야 할지를 세세하게 알려주었다. 그리고 꼭 당부했다. 이번에 가서는 절대로 상품 설명을 하지도 말고 권유도 하지 말라고 했다. 상대에 대해 정확한 파악이 나오지 않은 상황에서는 판매 시도를 하는 건, 마치 흔들리는 돌멩이 위에 올라서는 것과 같다. 보기 좋게 차가운 물에 빠질 수 있다.

어린이 전문 서점을 운영할 때 일이다. 어느 5학년 학부모가 찾아와서는 책을 고르고 있었다. 아이에 대해 이것저것 물어보니 3학년 때 외국에 나갔다가 5학년 때 돌아왔다 했다. 아빠가 주지사로 발령 난 탓에 외국 경험은 잘 하고 왔지만, 아이의 학력이 문제였다. 공부를 잘하던 아이가 한국에 돌아온 후 옛날 수준 회복을 못 하고 있었다.

"외국 나가기 전에 읽었던 한국 책들을 쭉 읽어주세요~"

이 아이의 글 독해 수준은 초등 3학년에 정도에 머물러 있었다. 학년은 5학년이지만 책의 수준은 3학년 수준으로 낮게 설정하고 책을 권했다. 영역별로 각기 다른 출판사 전집을 쫙 권해주니 그제야 학부모는 안도의 한숨을 내쉬며 한마디 했다.

"이제야 교통정리가 쫙 되는 것 같아요. 안 그래도 아이 책 때문에 고민했더니 아이북 도서 사장님에게 찾아가보라고 권해줘서 왔어요. 여러 출판사 영업사원들 만나봤을 땐 머리가 터질 듯이 아팠는데 이제 머릿속이 시원해졌어요!"

이런 말을 들을 때가 가장 보람이 컸다. 고민 해결사! 그게 바로 영업 아닌가? 제품 상담 전에 먼저 상대가 어떤 상태에 놓여 있는지 봐야 한다. 그건 물속 돌다리 상황과 같다.

고민을 알기 위해 대화를 하다 보면 가끔 하소연을 들을 때가 많다. 이런 제품은 이래서 안 좋았고요, 저래서 안 좋았고요. 이때 고객하고 같이 맞장구쳐줄 때 조심할 게 있다. 어느 집에 들렀는데 고객이 이런 말을 건네왔다.

"이 책들을 모두 비싸게 주고 샀는데 우리 애는 정말 손도 안 대네요. 영업사원이 정말 좋다고 해서 샀는데 괜히 샀나 봅니다."

이때 얼씨구나 하고 영업자도 같이 흉을 보면 안 된다. 이런 책을 왜 샀냐는 둥, 우리 회사 것이 그래서 더 좋으니 앞으로는 나랑 거래하자고 말하면 안 된다. 그러면 상대가 그렇게 하겠노라고 할까? 천만의 말씀이다. 그 사람은 아마 이렇게 생각할 것이다.

'영업사원들은 다들 자기 것만 좋다고 하지. 내가 이번에는 절대로 속지 않을 거야.'라며 마음의 빗장을 되려 꼭꼭 걸어 잠글 것이다. 고객이 투덜대거나 하소연을 늘어놓을 때가 기회다. 기회란 잘못 사용하면 낭패지만 잘만 사용하면 곧바로 나의 페이스로 당길 수 있다. 그럼 뭐라고 하면 이 고객이 금방 나를 신뢰하며 앞으로 내가 하는 말을 다 믿게 될까?

"아~, 그런가요? 이 책들을 잘 안 보는군요. 안 그래도 요즘, 다른 집에서도 모두 다 비슷한 말을 하더라고요."

그럼 이 고객은 분명히 이런 답을 할 것이다.

"어머, 그래요? 우리 애만 안 보는 게 아니었군요. 어쩐지 안 보더라니!"

이 엄마는 속으로 이렇게 다짐할 것이다.

'다시는 이 회사 것 안 사야지. 다시는 그 영업사원 말을 듣지 말아야지.'

굳이 다른 회사를 비방하지 않아도 된다. 거래했던 영업자를 함께 흥보지 않아도 된다. 괜히 내 입만 지저분해질뿐더러 그런 비방을 하는 영업자를 좋아하는 사람은 아무도 없다. 이쯤에서 클로징 멘트 한 마디만 더 해주면 이 고객은 단방에 나와 거래를 할 수도 있다.

상대의 생각을 분석하고 알아낼 수만 있다면 영업은 아주 쉽다. 그다음엔 어떻게 상대를 도울 수 있는지 해법만 주면 되니까. 고객 속마음을 도무지 모르겠다고? 대화를 많이 나눠보면 된다. 지레짐작으로 생각하고 판단하고 상담하게 되면 큰 실수와 오류를 낳는다. 알지도 못하면서 넘겨짚기로 상대를 대하는 걸 눈치채는 순간 고객은 입을 닫아버린다. 많이 듣다보면 상대방의 말속에 고민과 기쁨과 원하는 것이 다 들어 있다. 이 방법은 누군가를 처음 만났을 때 아주 유효하다.

며칠 전 친구인 남자 두 분이 나를 찾아왔다. 갓 결혼한 사회 친구였는데 죽마고우처럼 막역한 직장인들이었다. 방 1칸 중고 책 유통 사업을 해보고 싶어서 카페의 모든 글을 거의 다 읽고 왔다고 했다. 이 두 사람의 고민은 남들과 달랐다. 대부분 질문하는 게 "저 정말 잘할 수 있을까요?"라며 대면 영업에 대한 불안한 마음을 묻는다. 한데 이들은 이렇게 질문했다.

"친구끼리 했을 때 의리에 금이 가지 않는 방법이 무엇인가요?"

친구네가 30평대라 방 두 칸이 남는데, 각자 역할 분담으로 할 것이라 했다. 한 사람은 매입, 또 한 사람은 분류, 판매, 홍보 담당을 하겠단다. 사업을 오래 해본 사람은 다 안다. 이렇게 하면 100% 원수지간이 되는 이유를. 하지만 해맑게 앉아 있는 두 사람을 보니, 그나마 20년 넘는 경험자에게 잘 찾아왔다는 생각이 들었다. 수강 등록을 한 후 본격적으로 문제들을 하나둘 꺼내서 두 사람의 생각을 말하도록 도와주었다. 업무 분담을 했을 때의 문제점. 신혼부부 친구 집에서 퇴근 후 몇 시까지 머무를 것인가? 밤 10시까지만 허락한다는 문제에 대해서도 짚어보았다. 이런저런 문제점을 던져 주었을 때 두 분은 난감해했다. 친구 집에서 일하는 것이 불가능하다는 사실을 알아차린 두 사람은 난감한 듯 어두운 얼굴이 되었다. 그 찰나, "아~, 우리 부모님 집이 친구네와 가까워요. 평수도 50평대라 그곳에서 시작하면 되겠어요~!"

대단한 무언가라도 발견한 듯이 한 친구가 소리쳤다. 두 사람의 따뜻한 우정에 다시 한번 감동하고 말았다. 요즘 세상에 보기 드문 모습이라 정말 흐뭇했다. 그리고 문제가 생길 때마다 나에게 물어보라고 했다. 문제를 둘이서 풀려고 하다가 서로 의라도 상할까 봐 내가 괜히 노심초사다.

영업이란 사업은 의외로 쉽고 간단하다. 고객이 현재 처한 상황만이라도 정확히 안다면 문제가 보인다. 고민이 무엇인지 고객이 스스로 깨닫게 우리는 도와주기만 하면 된다. 영업자가 결론을 내려서 고객에게 억지로 권하는 게 상담이라고 생각하면 착각이다. 그래서 설득에서는 화법 멘트가 중요하다. 똑같은 말을 고수들은 한 끗만 다르게 할 뿐이다. 영업자는 그저 고객이 스스로 문제를 인식하게끔 도와주고 또한 스스로 결정하게끔 도와주기만 하면 된다. 영업에 자신이 없는가? 그럼 오늘은 종일 그들의 이야기만 들어주자. 최고수들처럼!

NO란 없다
YES만 나오게
대화하라

나는 막내로 태어났다. 큰오빠랑 나이 차이는 무려 열아홉 살이 난다. 다섯 살 전후였을 때 나는 '옥짱'이라 불렸다. 너무 울어대서 그랬나? 20대의 오빠 친구들이 우리 집에 놀러 오기만 하면 날 울리는 재미가 쏠쏠했던 듯했다. 식구들은 내가 울 때 아무도 달래려 하지 않았다. "옥이는 한번 울면 울음을 절대 안 그친다. 그냥 가만 내버려 둬!" 사실 난 그 말을 들은 후로 그렇게 생각했다.

'아~, 난 절대 울음을 안 멈추는 아이지? 그만 울고 싶지만 계속 우는 척을 해야겠다.' 그러다 이런 생각이 든다. '인제 그만 울고 싶은데 언제까지 훌쩍거려야 하나?' 지금 그만두려니 어른들 앞에서 왠지 자존심이 상하는 듯했다.

어릴 적 한 번쯤은 그랬지 않았던가? 한번 시작한 행동이나 고집을 되돌리려면 괜스레 멋쩍어진다. 울 때만큼은 쓸데없는 똥고집을 부렸었다.

어른이 되어서도 마찬가지다. 영업으로 만나도 첫 대화가 그날의 성패를 좌우한다.

"안녕하세요? 아침 식사는 하고 나오셨어요?"
"아뇨, 전 아침 안 먹어요."
"오늘 아침은 꽤 쌀쌀하고 춥죠?"
"아뇨, 아침에 운동을 다녀서 추운지 모르겠어요."
"이따 함께 점심같이 하고 가시겠어요?"
"아뇨, 마침 약속이 있어요. 죄송해요"

이런 식의 대화는 무조건 YES만 나오지 않고, NO가 나올 경우도 있다. NO를 계속 외치게 되면 그다음은 무슨 말을 해도 부정어가 나올 확률이 높다.

몇 년 전 보험 회사에 들어간 친구가 하나 있었다. 평생 직장 생활을 하며 나름 말을 잘하는 사람이라고 자신 있어 했다. 말 잘하는 사람을 영업 사무실에 데려와봤지만, 실적 좋은 사람 거의 못 봤다. 영업은 말을 잘하는 것이 아니라 상대방을 나의 페이스로 설득하는 직업이다. 어느 날 점심을 먹는 자리에서 넌지시 물어보았다.

"하는 일은 잘 돼?"
"응, 마침 소개받은 곳이 있어서 내일 가 봐야 해. 근데 막상 가서 처음에 뭐라고 말을 꺼낼지 모르겠어."

들어보니 지인의 오랜 친구라고 한다. 세탁업을 하고 있었다. 그렇다면 방문 후 첫 대화에서 어떤 말을 하면 YES라는 대답을 세 번 끌어낼 수 있을까? 첫 만남때 횡설수설할 게 아니라 이 고민부터 해야 한다. 첫 페이스를 잘 잡아야 알파의 자리에 계속 주도할 수 있다.

"안녕하세요? 친구 순희가 소개해서 왔는데, 땡땡 보험 회사 김명숙입니다."
'온다고는 했지만, 보험이라니 조금 부담스럽네.'
"아우~, 세탁소가 아담하네요. 사업은 잘되시죠?"
"요즘은 장사 벌이가 시원찮아요."

"그래요? 손님이 많지 않은가 보네요?"

"맨날 그냥저냥 하죠. 뭐."

어째 이야기 방향이 하소연 들어주는 쪽으로 흘러가게 된다. 이러다가는 사업이 잘 안 돼서 투덜거리거나 쓸데없는 이야기만 듣게 된다. 시간은 점점 흐르고, 머릿속은 온통 언제쯤 보험 이야기를 꺼내야 하지 하는 그 생각뿐이다. 고객도 마찬가지다. '이렇게 이야기하다가 분명 보험 이야기 꺼낼 텐데'라며 마음이 쪼그라든다. 하지만 그럴 필요 없다.

첫 대면에서 YES 세 번을 듣기는 의외로 쉽다. 대화의 간단한 원리만 알면 된다. YES라는 말이 듣고 싶으면 그렇게 대답이 나올 질문만 하면 된다. 포인트는 내가 상대에 대해서 알고 있는 아주 간단한 몇 가지 사실들만 가지고 말을 걸면 된다.

"안녕하세요? 어제 통화했었죠?"

"여기가 바로 그 사업장 세탁소군요?"

"여기 명함 한 장 드릴 테니 받아주시겠어요?"

"순희랑 동네 친구라면서요?"

"안 그래도 순희가 한번 가보라 해서 왔어요. 잠깐 여기 앉아도 될까요?"

고객에게서 '네'라는 대답은 반드시 받아낼 수 있다. '네'를 끌어내는 대화 원리만 연구하면 영업은 정말 쉽다. 사실 영업 현장에서 '아뇨, 그렇지 않은데요, 에이~, 그건 못 믿겠어요'라는 말 등을 들을 때가 있다. 부정어를 세 번 이상 듣는 날은 책가방 싸고 나와야 한다. 이건 영업의 정석 중 한 가지다.

이런 YES 화법은 바쁜 척하거나 권위적인 사람에게 잘 통한다. 일반적으로 말할 때마다 꼬박꼬박 YES라는 대답을 하는 사람은 대부분 아랫사람일 경우가 많다. 직급 체계가 있는 회사를 떠올려봐도 알 수 있다. 부장이 과장에게 무슨 말을 할 때마다 과장은 늘 '예. 예. 예!'라는 말만 말하게 되어있다. 부장은 아래 직급의 사람에게 늘 업무 지시를 한다. 지시하는 사람처럼 갑의 위치에서 영업하면 일이 술술 잘 풀린다. 나도 영업 초보였을 때는 전혀 알지도 못하는 비법이었다.

사람들은 미적거리거나 자신 없는 영업자를 좋아하지 않는다. 고객들은 느낌만으로도 단방에 알아차린다. 어리숙하거나 실적도 못 내는 형편없는 영업사원으로 낙인찍힌다. 그 순간 대화의 패권은 상대가 가져가 버린다. 이제부턴 무슨 말을 해도 고객은 순응하거나 인정하려 하지 않는다. 나보다 안 괜찮아 보이는 사람을 당신이면 믿겠는가? 이런 상담 모습은 100% 계약 실패다. 상대방 지갑 속 신용카드는 더 꼭꼭 숨어버린다. 그리고 나에게 들은 말은 그저 참고 사항으로만 여긴다. 이럴 때 예외 없이 듣게 되는 말이 있다.

"잘 들었습니다. 좀 더 생각해볼게요~"

20년 전에 너무 많이 들었던 말이다. 지겹도록 들었다. 구둣발이 닳도록 문턱이 닳도록 영업 현장을 누볐다. 보험도 힘들었지만, 출판사 전집 판매는 더 힘들었다. 도무지 팔리지 않았다. 무려 8개월을 공치고 다녔으니 그만둘 만도 했는데 그럴 생각은 전혀 하지 않았다. 그랬던 내게 20년이 지나서 이제는 그 정통멘트를 듣고자 수강생들이 몰려온다. 늘 거절만 당하다가 계약이 잘 되는 경우가 있다. 그런 날을 기억해라. 정통멘트를 사용한 날이었을 것이다. 영업은 하루아침에 잘하는 사람은 장담컨대 100명 중 한두 명밖에 없다. 타고난 사람 외엔 스스로 부딪히며 깨우치거나 고수에게 가서 과외를 받는 수밖에 없다.

내가 운영하는 카페에는 수시로 피드백을 요청하는 게시글이 올라온다. 수강생은 전화 상담하며 알게 된 여러 가지 고객 정보를 보고한다. 아이가 몇 살이고 왜 방문을 요청했는지 등 질문 매뉴얼 그대로 알아낸 정보들을 바탕으로 피드백은 시작된다. 고객과 만나고 온 후 결과를 가지고 성공과 실패의 원인 분석을 해주는 게 아니다. 전쟁터에 나가기 전에 전략을 짜줘야 한다. 전쟁터에서 20년 넘게 뛰어다니며 부딪혔으니 실패 경험은 나 혼자로도 족하다. 우리 수강생들은 절대 실패의 경험을 쌓느라 시간을 허비하게끔 하고 싶지 않다.

예를 들어 똑같은 쏘나타 차를 팔더라도 고객에 따라서 화법이 달라진다. 그저 상품 설명만 해대는 영업사원은 똑같은 화법만 구사하겠지만 말이다. 고객이 직장인인지 아주머니인지에 따라 화법은 천차만별로 달라진다. 물건은 같아도 대상에 따라 달리 준비해야 한다. 피드백을 받고 다녀온 사람들의 후기는 거의 비슷하다. 깐깐하고 무뚝뚝하고 어색해하던 고객들이 피드백대로 이야기를 나누었더니 고개를 끄덕끄덕 수긍하더라고 한다. 심지어 하는 말마다 "예~, 맞아요~. 예~,맞아요~!!"하며 맞장구를 쳐주는 통에 웃으며 아주 기분 좋게 성공하고 왔다고 한다.

난 이런 성공한 모습을 보며 짜릿한 대리 만족을 느낀다. 우리 수강생들은 나의 아바타라고 생각한다. 그들이 이 험난한 영업의 세계에 믿고 뛰어든 만큼 난 꼭 성장과 성공을 도와주고 싶다. 배우고도 실천을 안 해서 못하는 때는 있어도 해봤는데 안되는 때는 없어야 한다. 그게 내 사업의 철학 중에 하나다. 초보자들의 이런 성공이 자랑스럽고 또한 즐겁다.

나를 반기지 않고 어색해하던 고객도 나를 따르게 하는 방법, 그게 바로 'YES 화법'이다. 이 화법을 잘 연구하면 대화 내내 고개를 끄덕이며 '맞다'라는 말만 듣게 될 것이다. 자신도 모르게 동조하던 고객은 손쉽게 결정하게 된다. 영업자가 하는 말이 다 맞는다면 계약은 저절로 나온다. 이런 상담을 한다면 취소 요청이 나올 수가 없다. 상담이란 고객에게 억지로 사인하게 유도하고 꼬시는 게 아니다. 고객이 스스로 결정하게끔 도와주는 것이다. 그게 YES 화법의 묘미다.

5

설명하지 말고
질문식 대화를
하라

'딸기야, 아빠랑 부엌 설거지 좀 할래? 오후 2시쯤에 언니들 와서 크리스마스 음식 만든다고 하니 깨끗이 치워놔야 할 것 같아. 엄마는 책 쓰기 좀 해야 하니까 딸기랑 아빠가 좀 해. 알았지?" 우리 부부의 대화는 딸기라는 우리 집 강아지에게 전하는 방식이다. 한번 이야기하고도 미적거리거나 하기 싫어하는 남편에게 재차 독촉할 때의 풍경이다. 딸기는 껌딱지처럼 남편 옆에 붙어있으니 말 던져주기도 편하다.

남편을 움직이는 데는 요령이 있다. 당신보다 내가 할 일이 더 많음을 얘기하면 움직인다. 저녁이 되자 두 딸이 부엌에서 요리하느라 부산하다. 뭘 만들 건지 음식 소스의 용기들이 모두 영어로 표기되어 있다. 도와줄 게 없나 부엌을 기웃거리다 "음식 다 졸아들겠다. 불을 좀 낮춰!"라고 하며 훈수라도 들라치면 얼씬하지 말라며 쫓겨난다. 그래도 행복하다.

며칠 전 어떤 친구도 크리스마스 때 아들 내외랑 딸을 집에 오라 했다며, 음식 걱정을 하고 있었다. 예비 며느리는 바빠서 못 온다는 소리에, "그런 날 데이트하게 놔두지 시댁 될 집에 오라 했다고? 얼마나 부담스러웠으면 바쁘단 핑계를 하겠니?"라고 말하며 다른 시어머니처럼 그러지 말라고 했더니 불같은 대답이 돌아왔다. 며느리는 평소에도 자기 집처럼 편안하게 들락거린다며 그런 애가 아니라고 화를 냈다. 왜 못 오는지 사정부터 먼저 물어나 봤으면 좋았을 텐데. 잘 알지도 못하면서 충고나 조언을 해주려다 목소리만 높아졌다. 묻지도 않은 일에 괜히 나서서 간섭한 꼴이다. 지인도 이러한데 하물며 영업하며 만나는 낯선 사람과 대화할 때는 더욱 조심해야 한다. 일을 오래 했다고 말을 잘하거나 설득을 잘하는 게 아니다. 설득이란 남이 인정해주고 수긍을 해야 가치가 있고 그제야 대화가 완성되는 것이다.

대화가 힘들다는 건 말이 순환되지 않고 막힌 것이다. 네이버에 '대화'

를 검색해 보면 '마주 대하여 이야기를 주고받음'이라고 나온다. 주고받는 게 대화라고 했다. 이달 초 세미나가 있어서 서울에 다녀왔다. 강의 중 질문을 많이 하는데 참석자들보다 오히려 내가 더 많이 질문을 한다. 일방적인 전달보다 쌍방향으로 대화를 주고받는 방식의 세미나를 선호한다. 일주일 후 면담 신청자 중 한 명이 사무실로 들어섰다. 무슨 일을 하는지, 어떻게 신청하게 되었는지, 오면서 가장 궁금한 건 뭐였는지, 대부분 질문하며 상담하게 된다. 상대방을 알아가며 대화해야 무엇을 도와줘야 할지 저절로 문제와 답이 보인다.

상담하다 질문이 들어오면 신중히 들어준다. 그러다가 대답을 해줄 때 요령이 있다.

"아~, 그 부분이 궁금하시군요~"라며 줄줄 설명이나 브리핑을 하지 마라. 설명해주면 고객이 갑의 위치로 바뀌게 된다.

"아~, 그 부분이 궁금하신가요?"

"네."

"그럼 잠깐 안내해드려도 될까요?"

"네."

이렇게 고객이 답하게 하는 부분이 중요하다. 당신이 궁금한 부분을 내가 도와 드릴 참인데 괜찮은지 묻는 것이다. 이렇게 질문하는데 '아니요'라고 대답하는 청개구리는 없다. '네'라는 대답을 들어야 하는 이유가 있다. 이 대답의 효력은 아주 강력하기 때문이다. 내 생각을 브리핑하거나 긴 설명을 하기 전 동의를 구하는 것이기 때문이다. 대화의 달인들은 대부분 이런 대화법이 몸에 배어 있다.

내 딸이나 친구에게처럼 잘못을 지적하거나 일방적으로 가르치려는 대화는 상대방의 화만 더 돋운다. 세상에 널린 게 지식과 정보다. 자기와 다른 생각을 강요하거나 주입하려 들면 고맙다는 소리를 듣지 못한다. 어느 날 수강생 대상 중 강의가 끝나고 후기가 하나 올라왔다. 내용은 이랬다. 어느 초등 5학년 엄마가 헌책을 처분하며 새 책을 추천해달라고 했다고 한다. 전집에 대해 잘 알지 못했던 신입 수강생은 인터넷을 이리저리 검색 후, 품목을 요약한 후 문자로 보냈다. 그렇게 하고 나서 방문했는데 고생해서 알아낸 정보를 줬는데도 반응이 시큰둥하더라는 것이다. 상대방이 모르는 제품은 아무리 골라주더라도 고객은 시큰둥할 뿐이다. 이런 사소한 상담 세일즈 심리는 초보 때는 알 리가 없다.

중고 책 업자라도 모든 출판사의 내용까지 꿰뚫지는 못한다. 20년 경력의 나에게 배운다고 책들을 꿰뚫는 게 아니다. 그래서 하나하나 미리 피드백을 받고 상담가는 시스템을 만든 것이다. 난 헌책 매입 기술을 알려줘도 새 책 판매 기술은 판매 영업하다 온 사람이 아니면 전수해주지 않는다.

내가 알려준 화법으로 중고 책을 저렴하게 척척 매입해 오듯 새 책도 정통멘트를 구사하면 판매할 수 있다. 하지만 책이란 그 집 아이의 미래를 설계해주는 일이다. 단순히 돈을 벌겠다고 책 내용과 난이도와 전체 출판사를 모르고서는 팔면 안 된다. 책장을 보고, 아이에 대해 충분히 물어보고 분석해야 한다. 그러고 난 후에야 상담 판매를 해야 한다. 중고 책을 배운 우리 수강생들에게 새 책 상담 문의가 와도 팔지 말라고 한다. 다만 상담은 전문가처럼 해주고 오는 화법을 알려준다. 책에 대해 전혀 몰라도 고객을 만족시킬 수 있는 화술이다. 방문하는 집에서 할 일은 중고 책 매입이기 때문에 새 책 판매는 중요한 것이 아니다. 이때 요긴하게 사용할 부분이 질문식 대화다. 다음 대화는 책에 대해 완전 무지한 영업자를 위한 상담 화법이다.

"아이가 5학년이라고요?"
"네."
"혹시 추가로 구매하고 싶은 책이나 영역이 있으신가요?"

이렇게 질문하면 상대방은 대답하기 위해 뇌를 굴리게 되어 있다. 아이에게 필요한 게 있으니 상담 요청을 한 것이니 말이다. 그리고는 그동안 품어 두었던 영역 책을 말할 것이다.

"글쎄요~, 역사책이나 문학책을 넣어줘야 할 것 같아요~"
"그럼, 어디 생각해보거나 혹시 찜해둔 출판사 있으세요?"

넓은 영역을 좁혀서 세세한 품목으로 들어간다. 그런 후 선호하는 브랜드를 묻는다. 거기까지 들은 후 마무리 한마디만 더 던진다. 그 품목이 저렴하게 중고 책으로 나오면 제일 먼저 연락드리겠노라고 말이다. 고객은 반드시 자기가 품고 있는 생각이 따로 있다는 사실을 알아야 한다. 영업의 시작은 질문으로 시작해서 질문으로 끝난다. 설명이나 브리핑을 하는 순간 소통은 단절된다. 아래처럼 질문으로 바꿔 말하는 습관을 들여보는 것이 좋다.

‐ 오느라 수고 많았습니다. / 오느라 수고 많으셨죠?
‐ 찾는 물건이 다 나가고 없습니다. / 찾는 물건이 다 나가고 없는데 어떡하죠?
‐ 5학년에 맞는 책 권해달라고 해서~ / 5학년에 맞는 책 권해 달라고 하셨죠? 그럼 제가 잠깐 설명 좀 해드려도 될까요?
‐ 눈 하안검 수술하면 정말 젊어 보일 겁니다. 남들도 요즘 다 하잖아

요. 세일 행사할 때 이번 기회에 하세요. / 지금도 매우 아름다운데 하안 검 수술을 하려는 이유가 뭔가요?

설명하는 건 묵시적인 강요가 들어가 있다. 상대방의 결정에 간섭하거나 강요하면 안 된다. 상대의 주장을 꺾으려고 하면 불같이 화를 낸다. 상대가 잘못된 걸 바로잡아주고자 애쓰는 모습도 달가워하지 않는다. 이때 질문 한번 던져보라. 그저 고객이 스스로 느끼며 생각을 바꾸게 도와주는 질문을 하면 된다. 생각을 읽어야 전략이 나온다. 대화란 말을 서로 주고받는 것이다. 나를 이해시키는 게 아니라 남을 이해해야 한다. 영업자가 세일즈 현장에서 환영받지 못하는 이유는 혼자서 자아도취에 빠져 떠들어서 그렇다. 좋다고 생각했던 상품을 집에 오면 취소하고 싶어지는 이유다. 영업 세일즈에서 대화가 100이라면 질문이 70이어야 한다. 나 혼자 말을 너무 길게 했다 싶을 땐 당장 말을 끊고 이렇게 질문해버려라.

"지금까지 듣고 궁금한 게 있나요? 혹은 이 부분에 대해 어떻게 생각하세요?"

당신은 아주 매력적인 상담가가 될 것이다.

제품을
팔려 하지 말고
가치를 팔아라

비싼 장난감 가게 옆을 지나면서 고민해본 적 있는가? 우리 아이들이 어릴 적에는 리틀○○라는 장난감 메이커가 있었다. 그곳 제품은 타사 대비 4배 정도는 더 비쌌다. 아이가 걸어다니자 미끄럼틀이 자꾸 눈에 들어왔다. 자전거랑 그네에 이번엔 미끄럼틀 차례다. 미끄럼틀 계단으로 올라앉아 '쑤웅~' 하며 재미있게 웃는 모습이 보고 싶었지만 빠듯한 생활비로는 쉽게 결정하기 힘든 금액이었다. 하지만 아이들이 떠들고 놀 행복한 생각을 하니 한 달을 망설이다 큰맘 먹고 저지르고 말았다. 좋은 것이라면 다 해주고 싶은 것은 다 같은 엄마 마음 아닐까?

내 옷을 살 때도 나름대로 이유를 만든다. 강의에 입으면 잘 어울릴 것 같다는 명분을 만든다. 그저께도 블라우스를 3개나 한꺼번에 구매했다. 강의나 상담을 하다 보면 매일 다른 옷을 입어줘야 할 것 같기 때문이다. 난 옷에 대한 콤플렉스가 있다. 나에겐 옷에 대한 감각이 별로 없기 때문이다. 마음에 드는 옷이 있으면 그것만 계속 입으려고 한 옷만 빨아서 입는다. 그래서 매일 다른 느낌으로 옷을 입고 가야 하는 사무실 출근은 나에겐 가장 고역이었다.

물건을 살 때는 나름의 이유가 있다. 그 이유를 사람들은 스스로 만들어낸다. 상담에서도 유능한 영업자라면 고객의 잠재 의식을 건드려 새로운 상상의 세계로 데려가야 한다. 사람들은 이성적으로 분석하고 따져보고 살 것이라 생각했는데 다양한 고객들을 만나본 결과 그렇지 않다는 결론을 내렸다. 소비자는 똑같은데 거절만 당하던 나는 고객의 심리를 연구하고 화법을 바꿔보았다.

2013년쯤부터는 새 책 판매하는 걸 아예 중단하고 중고 책 유통만 붙들 수밖에 없었다. 이유는 바로 가격 비교로 인한 구매 취소가 빈번해졌기 때문이다. 온라인이 문제였다. 영업자가 알려주는 상식이나 지식이 소비자가 알고 있는 것과 서로 비슷할 때 상대는 절대로 나를 신뢰하지 않는다. 판매에 아무리 열을 올려도 소용없다. 돌아오는 소리는 그저 '생각 좀 해볼게요.'라는 거절이다. 세일즈맨이 알려주는 정보는 그저 참고 사항일 뿐이다. '왜 꼭 당신과 거래해야만 하는지 그에 합당한 이유'를 찾는 게 소비자의 심리다. 오히려 알려줬던 정보를 바탕으로 온라인 안에 가서 묻고 알아내 버린다. 소비자는 바보가 아니다. 영업자보다 더 똑똑하다. 정보와 지식은 널려 있다. 왜 꼭 나여야 하는 이유가 없기 때문이다.

제품의 가격은 무너졌다. 그 어떤 업종이든 가격 비교를 당하는 업종의 영업자들은 패배자의 모습으로 없어지기 마련이다. 고객이 너무 똑똑해져버렸! 그래서 2016년부터 공부하고 연구하러 다녔다. 화법을 연구하고 바꿔보니 현장에서 안 팔리던 새 책이 팔리기 시작했다. 그리고 중고 책을 몇 세트만 팔겠다고 부른 사람들이 집에 있는 책 대부분을 다 처분하고 싶다고 말하기도 했다. 출판사 영업을 해보면 알겠지만 새 책을 구매한 사람들은 일주일에 한 번씩 관리 선생님이 오신다. 고객들은 그분들을 '책 팔이'라고 속마음을 말하는 걸 보고 깜짝 놀랐다. 그러면서 그들은 나와 방문 상담 컨설팅을 예약했으며, 일주일 뒤에 가도 오매불망 기다리고 있었다. 새 책 같은 중고 책이 시장에 넘쳐 흐르고 있음을 알면서도 나에게 새 책을 구매를 하며 그 집안의 모든 책을 물갈이했다.

상담 방법을 달리했더니 일어나는 놀라운 결과였다. 초등 1학년을 둔 학부모 집을 방문한 적이 있었다. 책은 많았지만 군데군데 영역별로 비어있는 것이 눈에 띄었다. 예전 같았으면 무슨 무슨 영역이 비었으며 교과랑 어떻게 연결이 될 텐데 하며 구매를 촉구했을 것이다. 요즘은 그렇게 했다간 상품 정보만 설명하고 퇴짜를 받기 쉽다. 1학년 아이의 책장을 진단해 주는 것이 아니라, 세상에 단 한 사람만을 위한 상담을 해줘야 한다. 우선, 아이의 지나온 시간과 현재를 잘 분석해본다. 그리고 이 아이와 비슷했던 사례를 들려주며 어떻게 영재라 불리게 되었는지 알려준다. 그렇게 되기 위해 그 엄마는 나의 어떤 부분을 도움받았는지 충분한 대화의 시간을 갖는다.

상품을 선택하는 것이 아니라 나를 선택하게 했다. 가치의 기준이 책이 아니라 상담자가 되는 것이다. 아이의 미래 청사진을 컨설팅해주면 계약은 저절로 따라오게 돼 있다.

"그럼 우리 애는 뭐 뭐 하면 되나요?"

나는 상품을 팔려고 애쓰지 않았다. 그런데도 고객이 스스로 질문해온다. 최고의 순간이다. 이런 상담 법은 혼자 스스로 깨우치려면 수많은 세월과 시간이 지나도 모르는 사람은 모른다. 영업 오래 했다고 계약을 잘 하던가? 아니다. 나름 잘한다고 상상하는 것뿐이지 실제로는 그렇지 못할 때가 많다. 영업 20년을 했던 나도 영업을 새로이 연구하고 공부하러 서울로 일주일에 서너 번을 다니는 인고의 시간이 없었다면 불가능했을 것이다.

그랬기 때문에 나를 믿고 온 수강생들을 자신 있게 받았으며 가르치고 있다. 그들의 성공을 도와주기 위해 부단히 밤낮으로 연구하지 않았다면 연봉 3억은 애당초 나의 것이 아니었을 것이다. 사람들은 책을 사고 자동차를 사고 건강식품을 산다. 단순히 그들이 제품을 사는 것이라고 착각하고 있는 한 영업 고수가 되기는 글렀다. 예전의 나처럼 말이다. 사람들은 행복한 상상에 가치를 매긴다. 아이의 행복한 모습에 지갑을 연다. 만약에 내가 다니고 있는 회사가 상품 설명만 주야장천 알려주며 실적을 올리라고 한다면 지금 당장 때려치우고 다른 회사를 알아보는 것이 좋다.

사람들의 심리는 다 똑같다. 내가 내는 금액보다 훨씬 더 높은 가치라 느껴질 때 카드를 내민다. 마치 2만 원짜리 수박을 사러 갔는데 그날따라 5천 원일 때 스스럼없이 구매한다. 예를 들어 400만 원짜리 돌침대가 비싼 것일까? 허리가 아픈 남편을 그대로 내버려뒀다간 차후엔 수술비가 더 들어갈 수도 있다. 허리때문에 회사라도 그만두게 되면 우리 집 생활은 나락으로 떨어진다. 더 심해지기 전에 12개월 할부로 월 33만 원이라도 내면서 월급 300만 원을 꾸준히 받아오는 게 더 이득이다. 심지어 무서운 수술을 받지 않을 수만 있다면 돌침대 가격은 그저 껌값이 되고 만다. 오히려 '저렴해서 감사합니다'란 말이 절로 나오게 될 것이다.

그래서 고객이 왜 이 제품에 관심 가지는지 질문부터 해봐야 하는 이유다. 무턱대고 상품만 팔려고 했다가는 사업은 쫄딱 망하고 말 것이다. 상품은 같아도 사려는 대상에 따라서 화법은 달라진다. 그 화법 때문에 사업을 배우려고 부산, 광주 등 지방에서 찾아오곤 한다. 그분들에게 나는 꼭 물어보는 것이 있다. "왜 이 일을 해보고 싶은가요? 왜 꼭 〈노랑반디〉 최선옥이어야 하는가요?"

"아이템이 획기적이라 해보면 잘할 수 있을 것 같아요"라고 답을 한다면 난 이렇게 결정을 내린다. '음, 이 사람은 아직 실패의 쓰라림을 모르는 사람이군!'

"나도 선배님들처럼 시스템대로 따라 해서 수익이 쭉 올라가보고 싶어요." 한다면 '음, 이분은 아이템도 중요하지만 배움의 가치를 더 중요하게 생각하는군!' 면담 날짜를 잡아줘도 되겠다는 생각이 든다.

아이템이 좋아서 성공하는 것이 아니다. 피아노 운반 사업을 하던 김0성님은 오프라인 서점 주인이 되었다. 남양주에 있는 전업주부 김0숙님은 집 거실이 본인의 책 유통 사업장이 되었다. 직장 다니며 사업을 배운

럭키파더님은 월급만큼 더 버는 방 1칸 온라인 서점 사장이 됐다. 모두 책이 너무 좋아서 책과 함께 있는 상상을 갖고 나를 찾아온 사람들이다. 책 환경에 놓인 자녀들이 너도나도 방바닥에 배를 깔고 엎드려 책을 보기 시작하는 자랑은 넘치고 넘친다. 장사는 한 번도 안 해봤지만 '시키는 대로 하면 되더라'는 후기 글에 용기를 냈다고들 한다.

사람들은 미래에 일어날 즐거움과 행복에 투자한다. 제발 우리 상품이 왜 좋은지 타사 상품과 비교하면서 상담을 하지 마라. 설명은 잠깐이면 된다. 제품을 설명하지 말고 상상을 팔아야 한다. 미끄럼틀을 타고 아이들이 얼마나 즐겁게 웃을지 그 모습을 팔아라. 예쁜 옷을 입고 친구를 만났을 때의 부러운 시선을 팔아라. 수술하지 않고 돌침대로 몸이 좋아지는 그 상상을 팔아라. 자동차 문을 열고 내릴 때 들려오는 남들의 부러운 한마디를 팔아라. 물건을 물건으로 보면 팔리지 않는다. 상상 속에는 그 제품과 함께 있는 고객이 있다. 그 상상을 팔아라. 꿈과 미래에 대한 가치는 돈의 가치보다 훨씬 높아 보이게 될 것이다.

7

거절을
못 하게 거절 선 처리를
하라

거절 선 처리, 도대체 이게 무슨 말이람? 하고 생각하는 사람이 있을 것이다. 영업자들에겐 거절이라는 단어 자체가 미운 돌처럼 보인다. 수많은 사람이 나를 찾아와 영업을 배우겠다고 내 앞에 앉는다. 그들은 한결같이 이런 말을 한다.

"저는 정말 말을 잘 못해요~"

사실 말을 못 하는 것이 아니다. 대화를 해보면 자기의 생각을 또렷하고 정확하게 전달을 잘 한다. 그래서 난 이 말을 들으면 피식 웃으며 이렇게 해석한다. '영업을 잘 못해요, 판매를 잘 못해요, 설득을 잘 못해요.' 거절! 거절이라는 단어에 나도 몸서리가 쳐진다. 어제 어떤 상담자가 전화로 이런 말을 하는 것이 아닌가?

"저도 대표님처럼 책 일을 평생 20년 동안 할 걸 그랬어요."

나는 박장대소를 하고 웃었다. 영업을 단순하고 쉽게 보는 근거 없는 자신감에 웃음이 나왔다. 전화기 너머 그 사람은 나처럼 될 수 있다는 해맑은 마음으로 덩달아 함께 크게 웃었다.

매일 서너 사람 아니 그보다 더 많은 사람에게 거절을 당해 본 적이 있는가? 권해 보고, 설명해 보고, 부딪혀보면 될 줄 알았던 판매가 안 먹혀 들어가는 막막함을 경험해본 적이 있는가? 지금 우리 수강생들은 계약을 밥 먹듯이 해 오지만 나의 초창기는 거절을 밥 먹듯이 당했다. 유명한 메이커의 이 좋은 전집을 팔고 싶어서 주부들만 보이면 붙들고 이야기했다. 이야기하고 또 이야기했다. 그러면 팔릴 줄 알았다. '좀 더 생각해볼게요.', '남편이랑 상의해볼게요.', '몇 달 있다가 살게요.', '나중에 오세요.' 이런 거절들을 순진하게 모두 믿고 나오며 다음 상담 날짜를 손꼽아 기다리기도 했다.

어느 집에 들어가서 2시간 넘게 상담을 했던 곳이 있었다. 고객은 내가 말하는 내내 고개를 끄덕였기에 충분히 설득했다고 생각이 들 때쯤 클로징을 시도했다. 가격을 말하고 제품을 사라고 권유를 한다. 그런데 금방이라도 살 것처럼 좋다고 하하 호호하던 고객은 곧바로 거절한다. 나중에 사겠단다. 나중에 사겠다고 하면 사기는 산다는 뜻이라 풀이를 해버린다. 사실은 거절인 줄도 모르고 계속 클로징을 걸어댄다. 고객은 질려서 더 뒤로 물러나게 되고 나는 다 잡은 물고기를 놓칠까 봐 더 덤볐다.

터벅터벅 힘 빠진 팔다리를 추스르며 패배의 잔을 마시고 걸어 나온다. 무엇 때문에 안 산다고 했을까? 정말 살 것처럼 이야기하던 사람이 끝내 안 사는 이유는 무엇일까? 더 궁금한 건 안 살 것 같았으면 처음부터 듣지나 말 것이지. 듣고 호응했다면 마음이 있긴 있었다는 이야긴데. 초창기 영업 시절엔 이런 일이 워낙 비일비재했다. 이런 부분에 대해서 어떻게 처리하는지 들어 본 적이 없다. '남편이랑 상의해볼게요'라는 거절이 나온 후 수습하려고 하니 잘 되었던가? 97%는 안 된다. 이미 돌아선 마음을 돌린다는 건 겨울잠 자러 들어가는 구렁이 꼬리를 잡고 밖에서 잡아당기는 꼴이 된다. 천하장사가 당겨도 이미 늦었다. 사건이 터지고 난 뒤 수습하는 꼴이니 어지간한 전문가가 아닌 이상은 힘들다. 고객이 나에게 딸려오도록 하게 해야지 고객에게 매달리게 되는 꼴이 되고 말 것이다.

9년간 어린이 전문 서점을 하며 전집을 판매할 때 일이다. 어떤 고객이 전집 4세트를 사며 책장 3개를 서비스로 받아갔다. 3일쯤 뒤 다른 제품으로 교환을 요구해서 방문 후 모두 회수하고 새로 배달해주었다. 3일쯤 지나자 똑같은 하소연을 하며 또 다른 전집으로 교환 배달을 요구했다. 우리를 호구로 아는지 이 고객은 또 똑같은 요구를 했다. 이번이 마지막 교환일뿐더러 책들도 직접 들고 오라 했다. 남편이 회사 점심시간에 잠깐 그 무거운 것들을 들고 와서 교환해 갔다. 힘에 부친 모양이었다. 아내보고 씩씩거리며 큰 소리로 말했다.

"당신! 이번이 마지막이야." 그 뒤로 그 주부는 교환을 요청하지 않았다.

남편이 던진 이 한마디, 그게 거절 선 처리다. 어떤 사건이 일어나기 전에 다짐을 받아버리는 것이다. 우리 서점에서도 이번이 마지막이라고 선언을 함으로써 반복된 반품을 막는 것이다. 우리가 옷을 사러 갈 때도 '이월상품은 반품, 환불이 안 됩니다.'라고 미리 듣게 되는 효과와 같다. 거절 선 처리를 못 해서 영업 계약 후 황당하게 취소되는 경우가 비일비재했다.

예전에 보험 계약을 하고 한 달쯤이 다 되어갈 때 해지하는 고객이 있었다. 다른 고객과 달리 이 계약자가 해지 접수를 했을 때 너무 놀랐었다. 상담을 위해 네 번 이상 방문하였고, 선물도 주고, 식사도 함께했었다. 해지의 이유는 아는 사람에게 다시 가입하기 위해서라고 했다. 이렇게 친한 척 행동해놓고 이게 가능할까 하는 괘씸한 생각을 남겼던 고객이었다. 지금 와서 생각해보면 계약 진행만 신경 썼지 취소 나올 것에 대비한 선 처리 대화를 하지 않았던 탓이었다. 그 당시는 이런 화법이 있는 줄도 몰랐으니 닭 쫓던 개처럼 그저 취소에 속수무책으로 당할 수밖에 없었다.

거절 선 처리는 영업에만 있는 것이 아니다. 인생 자체가 영업이다. 멋진 남자라면 끌리는 여자와 결혼하고 싶은 건 모든 사람의 로망 1순위다. 어느 날 친구 진희가 일찍 결혼시킨 아들 내외 때문에 하소연을 늘어놓았다. 둘의 사이가 별로 좋지 않은 것 같다고 한다. 2년 연애하고 결혼하더니 엄마는 왜 그때 내 결혼을 말리지 않았느냐며 푸념한단다. 둘이 좋아서 결혼한다길래 흔쾌히 승낙해줬더니 이제 와서 부모 탓을 한다는 것이다. 그 소리를 듣고 잠시 생각을 해보았다. 만약에 저 아들이 내 자식이었다면 어땠을까? 결혼해서 사는 내 조카에게 던져보았다. 그랬더니 놀라운 대답이 나왔다.

"고모, 저런 건 있잖아, 결혼하려고 인사 왔을 때 곧바로 승낙해줘서 그래. 좀 더 생각해봐라, 나중에 결혼하고 못 살겠다고 싸울 거면 이 혼인 절대로 하지 마라, 이런 말을 미리 던지고 대답을 들었으면 절대로 그만 살고 싶다는 말은 안 나왔을 거야."

'오~ 이런 훌륭한 말을 하다니 네가 혹시 경험자니?'라고 우스갯소리를 던졌다. 부모가 허락해서 한 결혼이 아닌 둘이 스스로 결정한 일이 돼야 한다.

"아무리 싸우더라도 절대로 이혼만큼은 안 할 거예요. 걱정하지 마세요. 그러니 제발 승낙해줘요. 네?"

영업할 때도 고객이 이런 환상적인 말을 한다면 얼마나 좋을까? 거절이 나오지 않게 하는 데 필요한 건 미리 암시를 받는 것이다. 미리 확언을 내뱉도록 하면 된다. 20년 넘게 영업 일을 하면서 거절을 선 처리하는 부분만 제대로 배웠어도 나의 영업 수입은 엄청나게 상승했을 것이다. 하지만 안타깝게도 그 누구에게도 들어보지도 배워보지도 못했다. 고객들은 자기가 결정한 일에 항상 의심한다. 나 혼자 과연 잘한 결정을 한 것인가? 나중에 후회하지는 않을까? 두 가지 경우의 수를 두고 항상 마음이 불안하다. 처음 창업 센터를 운영하면서 화법을 가르칠 때였다. 우리 수강생들이 하나같이 비슷한 이유로 실패하고 돌아왔다. "대표님, 좀 더 생각해본다고 하던데요?" 평생 너무 많이 들었던 말이었다. 어떻게 하면 튕겨 나오지 않게 할까? 정통멘트를 연구하면서 이 부분은 따로 강의해줄 정도로 심도 있게 다뤄주었다. 당신을 위해 내가 바쁨에도 불구하고 어렵사리 시간을 내서 만나주는 느낌을 줘야 한다. 그리고 혹시 이번 만남이 상담으로 끝낼 것인지 아니면 들어보고 괜찮다면 어지간하면 이번 참에 결정할 것인지도 물어봐야 한다.

본격적으로 상담을 하기 전에 결정권자부터 찾아라. 상담하고 권유하고 밀어붙인다고 고객이 OK 사인을 하진 않는다. 만약에 결정을 한다면 혼자 할 수 있는지 물어보라. 행여나 남편 또는 직장 상사에게 승인을 받아야 한다면 절대 상담을 진행해선 안 된다. 1시간을 브리핑해준들 내 앞의 고객은 돌아가서 상의할 사람에게 견적만 알려줄 뿐이다. 내가 들려준 말을 그대로 전달해줄 수 있는 사람은 아무도 없다. 거절 선 처리란 내가 먼저 한 발자국 뒤로 물러나는 것이다. 초보와 달리 상담의 고수들은 고객이 거절하기 전에 먼저 선 거절을 한다. '만약에 듣고 괜찮다면 오늘 하긴 할 거죠?'라고 상담 전에 항상 물어보라.

영업
고수들에게는 그들만의
대본이 따로 있다

홈쇼핑을 보다 말고 핸드폰을 급히 찾는다. 쇼호스트들이 구매를 독려하는 통에 잠시 정신을 잃는다. 안 그래도 필요한 물건이었는데 마침 생방송에서 판매 중이다. 벌써 마감 시간이 다가온 모양인지 지금 당장 구매하라고 말한다. 얼른 구매 버튼을 누르고 주문까지 마치면 그제야 안심이 된다. 나는 홈쇼핑이 재미있다. 바빠서 눈요기할 시간도 없으니 방안에서 편안히 구경하는 재미가 쏠쏠하다. 집중해서 가만 듣다보면 거의 구매 버튼을 누르고 싶어진다는 것이다. 채널을 이제 돌려볼까 생각이 드는 순간 어찌 알았는지, 집중하게 만드는 멘트 하나를 또 한 번 날린다. 절대 안 사야지 속으로 다짐까지 하며 시청해도 소용없다. '필요한데 어서 사버려.'라는 설득은 항상 나 스스로 하고 만다.

당신은 말을 잘하는 편이라 생각하는가? 나는 말을 잘하는 편이 아니라 생각한다. 특히 낯선 모임 장소의 일원으로 참가할 때는 어색함이 온몸에서 묻어 나와 말도 잘 못하는 편이다. 가끔 영업에 경험이 있는 사람이 나를 만나러 오는 일도 있다. 그들은 대체로 이런 표정을 보인다. '이 사람은 얼마나 말을 잘할까? 어떻게 나를 설득할까?' 아주 얼굴이 뚫어져라 하고 쳐다본다. 사실 말을 화려하게 잘해서 상대를 설득한다고 생각하면 오해다. 설득이란 상대방이 나의 말을 인정해주는 것, 고개를 끄덕이게 만드는 것, 그게 전부다.

어떻게 하면 상대가 나의 말에 고개를 끄덕끄덕하게 될까? 이달 초에 수강 등록을 한 어떤 30대 초반의 직장인 남자가 있었다. "어떤 전자책에서 시키는 대로 하면 될 줄 알았는데 안되더라고요."하며 찾아왔다. 사람과의 대인관계, 그것도 사업, 영업을 책으로 배울 수 있다고 생각하면 큰 오산이다. 자동차, 보험 같은 대표적인 영업 조직에서 책 한 권 던져 주고 영업을 잘할 수 있다고 부추기는 걸 본 적이 있는가? 그런 달콤한 말을 믿고 싶다면 당신은 평생 성공 한번 해보지 못하고 망하는 것만 반복할 것이다.

요즘은 수강생들이 카페에 남긴 후기 글 보는 재미로 산다. 이들의 성공을 지켜보는 건 마치 내 자녀의 성장을 보는 것처럼 뿌듯하다. 남 앞에서 영업 멘트를 전혀 안 해본 사람들의 솔직한 후기는 읽는 나도 가슴을 쫄깃하게 만든다. 마치 첫사랑의 설렘을 훔쳐보듯이 함께 콩닥거린다. 체험 후기들은 표현하는 말은 각기 다르지만 느낀 점은 대부분 비슷하다.

"다리가 후들거렸어요. 차에 당 보충용 초콜릿 하나 둬야겠더라구요. 첫 대면 영업 후 느끼는 게 너무 많았어요. 수업에서 배운 멘트 하나하나 흘리지 말고 외우자, 강의를 처음부터 다시 들으며 완전무장해야겠다고 생각했어요."

"만약에 정통멘트와 피드백 없이 갔더라면 백전백패했을 것이다. 예행연습을 하고 가도 말문이 막히던데 왜 미션 수행을 올리라 했는지 절실히 실감했다."

"다들 왜 '정통멘트' 자꾸 말씀하시는지 처음 경험해보니 알 것 같아요. 배우고 외운 대로 정통멘트를 날리면 고객은 '맞아요. 맞아요.' 맞장구를 쳐줘요. 정말 신기해요."

신기한 건 이들만의 몫이 아니다. 나 또한 마찬가지다. 이렇게 믿어주고 잘 따라주니 뿌듯할 뿐이다. 나를 찾아오는 대부분은 영업 경험이 전혀 없다. 나는 늘 고민했다. 어떻게 하면 그들을 성공시킬 수 있을까? 어떻게 하면 실패를 줄일 수 있을까? 내가 처음 영업 강의를 할 때 가장 크게 고민한 부분이었다. 20년 넘게 한 일이지만 강의만 받아 적기만 한다고 그들이 과연 잘 해낼 수 있을까? 내 대답은 '절대 잘할 수 없다'였다. 장밋빛 꿈을 안고 나를 찾아왔을 텐데 거절에 상처받지 않고 성공시키고 싶었다. 내 수강생의 절반이 남자다. 또한, 절반이 미혼이다. 경험도 없는 이들을 어떡하면 시간과 노력을 줄여줄 수 있을까? 그것이 나의 과제였다.

"대표님, 다음 주에 약속이 잡혔어요. 피드백 좀 해주세요."
"그래요? 그럼 고객이 뭐라고 했는지 쭉 읊어보세요~."

어떠한 상황인지 일단 들어본다. 그리곤 온라인 강의에서 해당 정통멘트 부분을 달달 외우라고 안내해준다. 상담 전날이 되었을 때 다시 한번 전화로 화법 점검을 해준다. 나를 고객이라 생각하고 대화를 함께 해본다.

상담 방법이 70% 정도 마음에 들면 그제야 첨삭 피드백을 해준다. 알려주다 보면 대략 30분에서 1시간 가까이 소요된다. 연습한 부분을 수정, 첨삭해 주며 상담 원리와 상담 심리를 알려준다. 마치 아바타 영화의 주인공처럼 우리 수강생은 나의 아바타가 된다. 그리고 비장한 각오로 성공을 품고 낯선 현장으로 출동한다.

낯선 사람과 이야기할 때 속이 울렁거린다는 사람도 있다. 특히 신입이라면 누구나 그럴 것이다. 그래서 약속장소에 가기 전 함께 예행연습을 하고 보낸다. 영업이 얼마나 어려운지 나는 너무 잘 안다. 쉽게 생각하고 겁 없이 고객을 만나러 갔다가 얼마나 많은 세월을 거절당했던가? 지금 생각하면 끔찍스럽다. 나는 그 많은 거절과 좌절을 나를 찾아온 사람들에겐 경험시키고 싶지 않다. 그래서 피드백과 모의 훈련을 한 후 현장에 보낸다. 멘트와 테크닉이 마음에 들어야 전쟁터에 나갈 OK 사인을 한다. 실패하고 돌아오면 나도 마음이 아프기 때문이다.

어느 날 저녁 9시가 넘어서야 늦은 저녁밥을 허겁지겁 먹고 있을 때였다. 옆에 앉아 있던 남편이 '미드웨이' 해전 영화를 보다 말고 한마디 내뱉는다.

"전쟁에서 이기려면 첩보가 중요해. 그래야 전략이 나오지. 그러면 무조건 승리하지!"

말의 요지는 이랬다. 전쟁에서 이기는 방법!

1. 첩보 작전으로 정보를 수집한다.

2. 적군의 상황 파악을 정확히 파악한다.

3. 사령부에서 작전 전략을 짠다.

4. 그동안 군사 훈련을 해둔다.

5. 명령 지시대로 전쟁터로 출동한다.

6. 승전고를 울린다.

사회생활도 마찬가지다. 어떤 일에 부딪혔을 때 해결하려고 부단히 노력한다. 무슨 좋은 수가 없을까? 어떻게 작전을 짜면 좋을까? 고객이라는 대상이 나타났을 때도 마찬가지다. 전쟁이 터지기 직전이라 보면 비슷하다. 영업 초보들을 성공시키는 방법은 의외로 간단하다.

1. 전화나 대화로 상대방의 정보를 모은다.

2. 현재 상황을 보고 받는다.

3. 멘토나 전문가의 작전 피드백을 받는다.

4. 시뮬레이션으로 예행연습을 해본다.

5. 고객과 약속한 장소에서 연습대로 실천한다.

6. 계약서에 사인을 받게 된다.

고객은 방어 기술을 배우지 않는다. 계약서에 사인 받기는 의외로 쉬울 수 있다. 상담에서 실패하는 이유는 대부분 한 가지다. 적군이 나타났을 때 전략 없이 덤비기 때문이다. 영업 현장도 마찬가지다. 고객과 약속이 잡혔다고 그냥 찾아갔다가는 그대로 패배하기 쉽다. 적어도 어떻게 대처할 것인지 영업 고수나 멘토에게 전략을 훈련받고 가야 한다. 히트작을 만들 때도 가장 먼저 필요한 것이 대본이다. 관객을 웃기거나 때로는 울리거나 하는 데는 치밀한 명대사가 있기 마련이다.

명배우 뒤엔 명대사가 있다. 영업도 마찬가지다. 고수들은 그들만의 대본이 머릿속에 저장되어 있다. 내가 연봉 3억의 고수익자가 될 수 있었던 이유도 단 한 가지뿐이다. 4년간 영업 공부하러 다닐 때 나는 쓰레기 같은 나의 화법을 발견했다. 20년간 듣고 실천하고 써먹은 화법들을 모두 쓰레기통에 버렸다. 새로운 대본을 만들고, 고치고, 수정하고, 또다시 고치기를 수없이 반복했다. 물론 지금도 고민 중이고 연구 중이다. 그렇게 만들어진 것이 바로 정통멘트다. 나는 나의 수강생들을 사랑한다. 그들이 좀 더 쉽게 고객을 설득했으면 하는 바람으로 멘트를 피드백을 해준다. 영업의 고수가 되고 싶은가? 지금 당장 대본부터 만들어라. 명대사를 가진다면 누구나 영업 고수가 될 수 있다.

5장

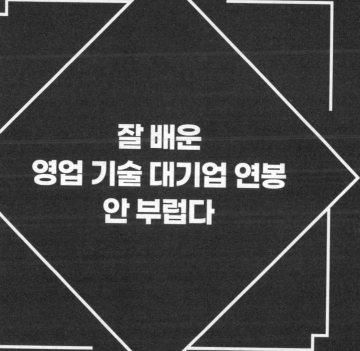

**잘 배운
영업 기술 대기업 연봉
안 부럽다**

1

잘 배운
영업 기술 대기업 연봉
안 부럽다

우리 애들이 자라면 서울의 좋은 대학에 입학할 줄 알았다. 당연히 중·고등학생 때도 상위권에 있을 줄 알았다. 초등학교 입학 전에 가지는 막연한 상상이었다. 졸업 후엔 좋은 직장 얻어서 취직할 줄 알았다.

좋은 직장이란 게 딱히 정해진 건 없지만, 남들이 말하는 대기업에 철썩 들어갈 줄 알았다. 엄마라면 누구나 이런 이상과 바람을 갖고 우리 애가 더 잘되기를 기도했을 것이다. 집안을 휘 둘러보면 공무원은 많은데 대기업에 다니는 사람은 한 명뿐인 듯하다.

어느 날 대기업에 다니던 조카가 이런 말을 했다.

"고모~, 나 내년에는 아무래도 회사 그만둬야 할 것 같아."

올 것이 오고야 마는구나. 말로만 듣던 명예퇴직이 내 조카에게도 다가오다니 믿어지지 않았다. 겨우 40대 중반 나이에 회사라는 울타리의 문을 열고 나와야 한다니 끔찍해 보였다. 큰애는 아직 초등학교 졸업도 하지 않았는데 말이다. 그동안의 생활비를 유지하려면 도대체 뭘 해야 하지? 직장만 다니다 사회라는 곳에 적응하기는 정말 힘든 것이 현실이다. 이건 마치 한국에만 쭉 살았는데 어느 날 미국이나 브라질에 정착해야 하는 것처럼 막막하다. 카페를 차려본다, 부동산 자격증을 따본다며 어수선을 떨지만, 단숨에 배부르기는 어렵다. 넘어지지 않고 걸음마를 배울 수 없고, 자전거 운전할 수 없듯 실패 없는 성공은 본 적이 없다. 부동산 시험을 치고 사업을 하게 되면 고모가 손님 대하는 화법을 가르쳐 달라며 우스갯소리처럼 말을 흘린다. 자격증 따랴 사무실 차리랴, 손님 응대 익히랴, 쉽지 않을 텐데 정말 걱정이 된다.

직장에서 연차가 쌓일수록 '회사를 퇴직하면 어떻게 돈을 벌까?' 하고 대부분 고민만 하게 된다. 직장에 들어가기 위해 어떻게 해야 할까 하는 질문에 대한 답은 금방 하면서 퇴직 후 어떻게 할지는 답을 내리기 어렵다. 직장에 들어가기 위해 얼마나 긴 시간 동안 노력했는지 생각해 보자. 좋은 고등학교 가려고 중학교에서 3년 공부, 좋은 대학 가려고 밤낮없이 3년 공부하고 학원 가고, 개인 과외까지 받는다. 심지어 재수 1년까지 하면서 모든 시간을 쏟아부어 대학에 입학했다. 해외 연수나 교환 학생도 1년을 추가로 들었다. 좋은 회사라고 하는 곳에 들어가려고 피나는 노력과 정보를 입수한 뒤 겨우 바늘구멍을 통과해 입사했다. 그 얼마나 감격하고 축하할 일인가?

입사의 노력은 엄청나지만, 퇴사 후 자영업은 차리기만 하면 되는 줄 착각하는 조카를 보면 한숨이 절로 나온다. 입사에 정성을 들인 만큼 자영업이나 영업에 쏟는다면 성공하지 못할 사람이 없다. 입사에 떨어지지 않기를 노심초사했듯 퇴사 후의 진로도 많은 선배의 조언을 들어야 한다. 특히 성공한 사람의 말보다 실패 후 성공한 사람을 많이 만나봤으면 한다. 위기가 곧 기회라고 하지 않았는가? 회사 밖은 더더욱 냉정하다. 그렇다고 실패한 사람들만 있는 것이 아니라 성공한 사람들도 많다. 그래서 세상살이는 참으로 재미있는 게임 같다. 하지만 게임 참가자들은 재미있지가 않다. 규칙은 있지만, 마지막 승자가 나였던 경우는 거의 없었으니 말이다.

나는 고단한 영업 길에서도 한 번도 그만둘 생각을 해본 적이 없다. 결혼 전에 회사를 다녔지만 맞지 않았다. 회사로 갈 생각은 없었다. 그저 내겐 영업의 길이 전부처럼 생각되었다. 실패하고 성공하고 또 실패하고 성공해도 또 실패해도 그만두지 않았다. '오늘보다는 내일이 더 나을 거야.'라는 막연한 기대감과 꿈으로 하루하루를 살아냈다. 세상이 한 번씩 업그레이드될 때마다 그 파도에 휩쓸려 휘청거렸다. 2010년경부터는 온라인이라는 곳과 경쟁을 하게 됐다. 그리고 이젠 온라인 속에 포지셔닝을 해야 하는 세상이 되었다.

"대표님, 저는 말을 잘 못해요. 블로그도 할 줄 몰라요."

나를 찾아오는 사람 대부분은 이렇게 말한다. 주부나 직장인으로만 살아왔으니 말을 잘할 필요도 없고 SNS를 잘해야 할 이유도 없었다. 1년 4개월 전에 나를 찾아온 이0열이라는 사람도 그랬다. 영업을 한 번도 안 해봤지만, 책 유통 사업을 배우고 싶어서 큰 결심을 하고 찾아왔다. 하지만 막상 수강하려고 하니 두렵다고 했다. 정말 잘할 수 있을까 하고 걱정이 앞섰지만, 무엇이라도 당장 해야 하는 상황이라고 했다. 경단녀였던 주부가 할 수 있는 일은 영업밖에 없었다고 한다.

8개월쯤 지났을 때 이분은 이렇게 털어놓았다. 남편 홀벌이로 있을 때는 말일에 월급이 들어오고 며칠 후면 썰물처럼 빠져나가 다달이 쪼들렸었는데 이제는 통장의 돈이 쌓이면서 삶은 물론 마음에도 여유가 생겼다고 했다. 아이의 학원도 더 보낼 수 있게 되었고, 이제는 뭔가를 할 수 있다는 자신감이 생긴 것 같다고 했다. 심지어 중고 책 유통 사업 말고 다른 사업도 잘할 수 있을 것 같다고 했다. 무엇보다 사업의 기본인 영업과 알파 포지셔닝이 이제는 몸에 익었으니 뭐든지 성공할 수 있을 것이라는 후기를 남겼다. 이분의 평균 수입은 월 400만 원 전후다.

물론 아주 큰 금액은 아닐 수 있다. 20여 년간 사업과 영업하는 동안 영업 수익이 많은 사람을 꽤 많이 봐왔다. 지인 영업이 아닌 개척과 소개 영업을 척척 해내는 사람들을 보면 부러워하던 시절이 있었다. 저들은 어떻게 하면 저렇게 잘할 수 있을까 하고 마냥 부러워했던 내가 완전 초보를 앉혀 놓고 성공시키겠다고 나섰다. 나의 수강생이 만나러 갈 고객의 현재 상태와 걱정과 고민과 요구를 미리 알고 적절한 대처법을 모의 훈련을 시켜서 상담에 내가보냈다. 대부분의 영업이 계약 클로징을 하기 위한 일방적인 직진이라면, 나의 교육 방법은 고객의 모든 상황을 종합해 가장 빠른 길로 성공시키는 내비게이션 역할을 해준다.

영업에서 너무 많은 거절을 맛보았다. 그랬기에 나는 나를 찾아 오는 사람들은 적어도 그런 고통은 조금이라도 덜 느꼈으면 하는 바람이 간절했다. 일반인들이 갑자기 영업을 잘하는 경우는 타고난 1%가 아닌 이상은 통계상 있을 수가 없다. 대기업 명퇴자, 신문사 편집장, 고등학교 퇴임 선생님, 잘나가던 사업가, 은행원, 간호사, 중소기업 대기업 직원, 경단녀 등 다양한 직업의 그들을 성공시킬 수 있었던 이유는 7년 전부터 꾸준히 하는 공부 덕분이다. 모두 제대로 된 곳에서 제대로 된 영업을 배우고 싶어서 찾아왔다. 다행히 영업 수입이 본업 수입만큼 되는 사람이 적지 않다.

작가 미야모토 마유미는『돈을 부르는 말버릇』에서 이렇게 적었다.

"일하는 이상 돈을 제대로 벌자. 같은 일을 계속하는 것만이 능사는 아니다. 발전하며 끝까지 해내는 것이 중요하다."

저자의 말처럼 무언가를 하려면 제대로 해야 한다. 내가 좋아하는 일을 하는 것과 억지로 하는 일에 대한 결과물이 완전 다르다. 좋아서 하는 일은 어떤 문제에 부딪혔을 때 어떻게 하면 될까 하고 고민하며 해결하려고 하는 의지가 발동한다. 노력하다 보니 문제가 아주 쉽게 해결될 때가 많다. 성공하는 사람들은 대부분 자기가 하고 싶은 일을 할 때였다. 실적과 수입은 즐기며 노력하는 자의 몫이었다.

내가 수강생을 골라서 뽑는 이유가 있다. 정말 이 일을 꼭 성공시켜 보고 싶다는 마음이 있는지부터 확인한다. 가르치는 것보다 더 중요한 건 하고 싶은 일에 도전하려는 사람을 도와주는 것이 성공 확률이 더 높기 때문이다. 1년 반 전 알게 된, 부산에 사는 50대 김O호님이 기억난다. 명예퇴직 후 이것저것 손대봐도 모두 안되더라며 삶에 자신감을 모두 잃고 있었다. 그랬던 사람이 〈노랑반디 지식창업 연구소〉를 찾아왔다. 이곳에서 배우면 꼭 잘할 수 있을 것 같다며 자신감을 드러냈다. 이제는 잘릴 위험이 없는 자영업자가 되었다며 고맙다는 말을 전해주셨다.

회사는 나를 책임져주지 않는다. 눈앞을 보지 말고 멀리 보고 살아야 한다. 크게 성장하는 사람들은 장기적인 목표가 있다. 지금 현실에 안주하지 말고 더 큰 목표를 설정하자. 생생하게 그리고 간절하게 원하고 믿고 행동하자. 열리지 않을 것 같던 고액 연봉이 어느 순간 내 앞에 다가와 있을 것이다. 행동하고 변화하길 싫어하는 마음속 두려움과 동거하지 마라. 세상은 정말 공평하다. 잘 배운 영업 기술로 대기업 연봉 부럽지 않은 사람이 되어보자.

고객의 마음을
훔치면 모든 것을
이룰 수 있다

예전에 친정 시골 마당에서 키우던 개가 귀여운 강아지 새끼를 낳았었다. 제법 자란 강아지들을 다 돌보기 힘들어진 친정 올케언니 귀에 "개 삽니다. 개 사요~"라는 개장수 목소리가 들렸다. 안 그래도 힘들었던 차에 어미 개 한 마리만 두고 네 마리를 모두 팔아버렸다고 했다. 마침 방학이라 손녀들이 놀러와 있었다. 놀다 돌아온 아이들이 강아지가 없어진 걸 알고 대성통곡을 했다. 아까까지 있었던 개들이 흔적도 없이 사라졌으니 놀랠 만도 하다. 알고 보니 네 명의 손주들이 각자 한 마리씩 자기 강아지라며 이름까지 지어놨던 모양이다. 할머니가 개를 팔았다는 사실에 충격을 받고 눈물바다가 됐다고 한다. 얼마나 충격이었는지 3년이 지나도록 할머니가 강아지를 팔아버린 이야기를 꺼낸다고 한다.

강아지는 쳐다만 봐도 예쁘다. 손주 녀석들은 자기를 반겨주는 멍멍이가 얼마나 사랑스러웠겠는가? 엄마나 아빠처럼 잔소리도 안 하고 위험하다고 큰소리치거나 가르치려 들지도 않는다. 만나면 반갑다고 졸졸 꼬리치며 다가온다. 영업자들도 현장에서 고객과 상담할 때도 이렇게 환영받을 수 있다. 일반적으로 고객과 상담이 잡혔다는 건 어느 정도 관심이 있다는 얘기다. 제품의 가격이 높을 때 상대방의 마음이 움직일 때까지 충분한 상담을 해야 한다. 상담이라기보다는 '대화'를 해야 한다. 서로 마음을 여는 시간이 필요하다. 본격 상담을 하기 전에 일상 대화부터 해보자. 이 시간은 길면 길수록 좋다. 얼마 전 어떤 40대 남자분이 찾아왔다. 공기업에 6년을 다니다 고액 연봉을 뿌리치고 지금은 다른 공기업에 다닌다고 했다. 안전이 최우선인 회사 특성상 엄청난 공부와 시험을 평생 봐야 하는 것이 힘들었단다. 팔순이 넘은 부모들이 치매 치료 중인데 자식 넷이지만 혼자 비용을 감당하고 있다고 했다. 지금도 꽤 높은 연봉을 받고 있음에도 새로운 부업 같은 사업을 해보고자 찾아왔다. 이분은 마치 오랜 친구를 오래간만에 만난 듯 그동안 살아온 얘기를 한동안 털어놨다. 가만히 듣고만 있던 난 약간의 질문하는 것 외엔 아무런 말도 하지 않고 그저 고개만 끄덕여줬다.

앞으로 더 연로하실 부모님 케어 비용도 걱정이지만 여태 본인을 위해 아무것도 하지 않고 있는 것이 걱정됐다. 부모님만 쳐다보다 나이 들면 그땐 누가 나를 돌봐주지? 이제부턴 나를 위해 사는 건 어떻겠냐고 물었다. 쓰고 난 후 모으려 말고, 저축부터 하고 생활해보자 했다. 인물과 인품이 이렇듯 반듯한데 어찌 결혼 생각을 안 하고 사는지도 안타까웠다. 이제 마흔넷이면 요즘은 서른 살에 불과하다며 응원했다. 3시간가량 면담 후 돌아간 이분이 올린 면담 후기는 대충 이랬다.

"40대가 되도록 먹고사는 것에 전전긍긍했던 저 자신을 반성하게 되었고, 최소한 돈이 부족해서 쩔쩔매지 않게 적극적으로 살고 싶습니다. 인생을 살며 믿고 의지할 멘토 같은 분을 만나게 된 것 같아 의미 있는 하루였습니다. 책 사업으로 성공뿐만 아니라 어떻게 인생의 로드맵을 그려야 행복한 삶을 살 수 있는지 희망을 그릴 수 있어서 매우 기뻤습니다. 개인적인 인생 조언을 해줄 때 살짝 울컥했습니다."

울컥했다니 나도 의외였다. 이제까지 살아온 이유 있는 사연들을 들어주고 인정해준 것뿐이었다. 사람들은 의외로 할 말이 많이 쌓여 있다. 특히 어떤 결정을 내리기 전에는 항상 그에 합당한 사연과 이유가 있다. 화가 난 사람은 울분이, 행복한 사람은 기쁨이 쌓여 있다. 여행을 다녀온 자녀는 에피소드가, 부모 잃은 자녀는 슬픔이 쌓여 있다. 사람 간 소통으로 들려주고 싶고 차곡차곡 쌓아둔 고단한 보따리도 풀고 싶다. 고객이 그동안 쌓아놓은 얘기에 귀 기울여보자. 영업자는 상담가다. 상담은 내 물건을 팔기 위해 고객이 내 말에 귀 기울여주는 것이 아니다. 상대방의 고민을 해결하기 위해 그의 말에 귀를 기울여주는 것이다. 그런 후 원하는 미래 모델을 보여준다. 생각지도 못했던 미래를 마치 현실처럼 그려본다. 지난달 블루베리 농장을 막 시작했다는 40대 후반의 주부가 고등학생 딸과 함께 면담을 왔다. 도시 외곽의 오라버니 땅을 700평 정도 빌려 가꾸는 중이었다. 여기서 수입이 나오려면 한두 해는 더 기다려야 한다며 책 사업 상담을 왔다. 방과 후 논술 지도 교사를 하는 분이라 어쩌면 책 사업과 농장을 분리하지 않고 합치는 아이템이 떠오를 듯했다.

시골, 자연, 힐링, 블루베리, 책, 논술 지도 교사, 아이들, 농장. 키워드를 조합하며 미래 설계를 함께 짜보았다.

"10년 안에 어떤 모습이 되고 싶나요?"

"농장 안에 책들을 그득 쌓아놓고 아이들이랑 책 읽히며 독서 논술을 가르칠 것 같아요."

"어머, 정말 멋지군요~ 그럼 심어진 블루베리 나무를 아이들에게 1년씩 분양하는 건 어때요? 나무마다 각 아이의 이름을 붙이거나 강아지 이름을 짓듯 나무 이름을 걸게 해주는 거죠. 아이들이 아마 엄마와 아빠에게 조르기 시작할걸요?"

"엄마, 아빠~, 내 블루베리 나무에 열매가 33개나 달렸어요~. 심지어 벌써 1개는 까맣게 익으려고 해요. 이번 주에 다 함께 내 나무를 구경시켜주고 싶어요. 함께 가요~. 네? 이렇게 조르겠군요?"

"그럼, 부모들을 위한 휴식 공간도 만들어야겠어요. 야생화 차도 준비하면 좋겠어요."

미래의 꿈을 상상하는 것만으로도 1시간 가까이 얘기를 나눴다. 10년 안에 이루고 싶은 버킷리스트에 책과 함께 하는 농장 모습이 등장했다. 두 모녀와 함께 일어날 수 있는 모든 상상은 다 꺼내보았다. 과거는 추억이 되고 미래는 꿈이 된다. 꿈을 안고 돌아가는 모녀에게서는 다 자란 어른의 행복한 동심이 보였다.

여기 남편과 그리운 추억으로 살던 숙모로부터 뜻하지 않은 귀한 자동차 한 대를 선물 받는 이야기가 있다. 『카네기 인간관계론』에 있는 이야기다. 넓은 집에 홀로 골동품과 자신의 추억 속에 파묻혀 살고 있던 숙모의 이야기가 나온다. 어느 날 R씨가 카네기 강좌에 등록한 후 숙모 집을 방문한 내용이다. 대화의 원리를 적용해 보고자 숙모에게 말을 건넨다. 먼저 아름다운 집에 대해 감탄사를 날린다. 숙모는 기다렸다는 듯이 남편이 생존했을 때 함께 집을 짓고 함께 꿈꾼 이야기를 들려준다. 조카는 진심으로 찬사를 보낸다. 그랬더니 집안의 온갖 장신구들을 보여주며 추억을 들려주었다. 마침 남편이 세상을 떠나기 전 선물로 남겨준 자동차 앞에 서게 됐다. 나는 책을 읽다가 다음 부분에서 놀랐다. 아름다움을 볼 줄 아는 조카에게 이 귀한 자동차를 주겠다고 제안하는 것이 아닌가? 찾아보니 1890년대 그 당시 최고급 자동차였다.

사람은 누구나 내 마음을 알아주길 간절히 바란다. 강아지를 얼마나 사랑하는지도 모르는 할머니가 손주는 섭섭했다. 40세가 넘도록 부모님을 먼저 챙겨주느라 잃어버린 나를 발견하는 순간 그는 울컥했다. 농장만으로 막막했던 미래를 사랑하는 큰딸과 소박한 꿈 설계를 할 수 있어서 모녀는 행복했다. 추억 속에 파묻혀 지내고 있는 숙모는 조금의 칭찬에도 목말라했다. 마음을 얻고 싶다면 진심으로 얘기해라. 상대방의 마음에서 생각하려고 애써보라. 마음을 얻는다는 건 상대방과 같은 공간에서 함께 머무르는 것이다. 같이 느끼고 공감하고 이해하는 것이다. 그것이 과거의 추억이든 미래의 상상이든 상관없다. 추억은 함께 나누고 미래는 함께 걱정하라. 내 마음을 상대방이 온전히 가져가도록 내버려두라. 내가 그 마음속에 들어가 마음 공간을 함께 공유하라. 그것이 상대방의 마음을 얻는 것이다.

영업을 모르면
현실을 탈출할 수
없다

어릴 적 동네에 집사를 둔 집이 있었다. 보통 명문가 큰댁에는 당연히 집사가 있겠지만 우리 동네는 그냥 일반 서민들이 사는 동네였다. 고래 등 같은 기와집도 없었고 모두 수수하게 농사짓고 사는 시골 마을이다. 집도 없이 남의 문간방에 기거하며 일 해주고 사는 것이 그땐 신기했다. 누구나 다 자기 집이 있는데 저 사람 집은 대체 어딜까 하고 어린 마음에 생각하곤 했었다.

집 없는 사람이 있는 걸 어릴 때는 상상도 못 했다. 어느 날 고등학생이 되었던 작은애가 세상을 다 살아본 것처럼 어이없는 푸념을 했다.

"엄마, 난 초등학생 때가 좋았던 것 같아."

나도 결혼하기 전에 세상 물정 모르고 살 때가 좋았다. 결혼 후, 멋모르고 분양받은 아파트 대출에, 태어난 자녀에, 매달 날라오는 지출금 정산하느라 정신이 다 혼미해졌다. 앞으로 어떻게 헤쳐나가며 살아야 하나? 아무 일도 없는 듯 고요하고 조용한 바닷가에 저 멀리 보이는 표류하는 배 한 척이 있다면 그게 바로 나인 듯했다. 정말 간절히 월말의 고통에서 탈출하고 싶었다.

세상의 직업은 단 두 개로 압축된다. 직장과 자영업. 남의 일을 하며 살 건가 내가 스스로 일을 해서 수입을 만들 것인가. 공무원이 아닌 다음에야 요즘의 직장은 정년을 보장해주는 곳도 드물다. 처음 직장을 구할 때도 어렵겠지만 퇴직을 당하고 난 다음, 세상과 마주 섰을 때 받는 충격은 더 심하다. 하물며 영업이라는 바다를 뛰어들기에는 직장생활보다 더 어렵다고 생각이 든다. 그렇다고 가만히 과거의 모습에서 탈출하는 일이 그리 쉽지만은 않았을 사람들도 많다.

살면서 누군가가 부러워 죽을 때가 있었던가? 나는 아주 많았다. 가장 충격적이었던 건 2016년쯤 인생 1막 2장을 준비하기 위해 정신없이 서울로 공부하러 다닐 때였다. 그날 강의에서 어떤 한 분이 초대되어 마이크를 잡고 말했다.

"돈을 벌고 나니 많은 게 달라졌다"로 시작했다. 어머니와 가족들을 모시고 이제는 호텔에서 식사해도 부담스럽지 않다고 했다. 메뉴판을 들고도 싼 쪽을 쳐다보지 않고 돈 걱정 없이 먹고 싶은 건 모두 시킨다고 했다. 처음에는 '돈 자랑을 엄청나게 하네.'라고 생각했다. 거드름을 부리는 것처럼 보였다. 하지만 그다음 말을 듣는 순간 그 자리에 참석한 모든 사람이 얼어붙었다.

"여러분~, 1년 동안 벌 돈을 한 달에 다 벌어야지, 언제 다달이 벌고 있나요?"

그리곤 덧붙여 말했다.

"노력해봤는데 안 되더라 하는 사람들이 많아요. 하지만 노력은 성공이란 결과물이 나올 때까지 하는 것입니다. 하다가 포기하는 건 노력이 아니에요. 그건 포기한 것입니다."라고 했다. 새로운 일에 도전 후 성공하는 사람들은 특징이 있다. 몰입이다. 무언가에 몰두할 때는 이런 현상이 나타난다. 온 정신을 다 하여 푹 빠져든다. 밥 먹는 것도 잠자는 것조차도 아까워한다. 아니 잠잘 시간이 지났는데도 잠이 오질 않는다. 맛있는 산해진미도 떠오르지 않을 뿐더러 관심조차 없다. 오로지 내가 현재 빠져있는 그것만 관심이 있다. 친구도 잊고 운동도 잊고 심지어 집안일과 남편과 자식을 케어하는 일까지 잊는다. 마치 이팔청춘 열여섯에 짝사랑을 하듯 빠져든다.

성공하려면 자신의 모든 시간을 쏟아부어야 한다. 요즘 나를 찾아오는 사람들을 나는 하염없는 마음으로 바라본다. 어떻게 이리도 나의 힘들었던 과거랑 닮았을까? 한해, 두해 상담 컨설팅을 해오다보니 이제야 깨달았다. 사람 사는 건 모두 비슷하거나 똑같다는 것을. 어느 날 체육관을 운영하는 40대 부부가 찾아왔다. 20여 년간 운영한 체육관은 수입이 영 시원찮다고 했다. 더 나이 들기 전에 다른 일도 도전해보고 싶다며 찾아왔다. 월세 걱정부터 매달 들어가는 운영비까지 걱정을 많이 하고 있었다. 당장이라도 새로운 일을 배워 수익을 내야 하는 실정이라고 하소연했다.

자영업을 하다가 안 되니 또다시 과감히 새로운 일에 뛰어들려 했다. 사실 이건 아주 위험한 일이면서 또 한편으로 보면 그 사람에겐 새로운 돌파구이기도 하다. 그동안의 사업 경험이 있으니 이제는 실패하지 않을 방법과 아이템을 찾아온 것이다. 체육관과 중고 책 유통 사업은 완전히 다른 업종이다. 간절했던 만큼 미션 수행을 열심히 했다. 고객과 대화하는 정통멘트도 매일 빠지지 않고 연습 과제를 제출했다. 역시 선생님다운 면모였다. 후에 자투리 시간에 투자한 책 사업이 소소한 수익이 난다며 감사 인사까지 남겼다.

그러다 2년쯤이 지난 어느 날 더 놀라운 얘기를 들려줬다.

"대표님~, 우리 체육관에 아이들이 두 클래스나 더 늘었어요~"
"그래요? 한 클래스가 몇 명이나 되는데요?"
"15명에서 20명 정도 됩니다."
"그래요? 어떻게 그렇게나 늘어났대요?"
"대표님이 전에 상담법 지도해준 대로 찾아온 학부모랑 아이에게 흉내를 내봤죠."
"오~, 그랬더니 클로징이 잘 되던가요?"
"네~, 그뿐만 아니라 그 학부모들이 우리 원장님 좋은 사람이라고 소개들을 해주더라구요. 그래서 원생이 그렇게 늘어났어요!"

아하, 그러고 보니 전에 상담 코칭을 한번 해준 것이 기억났다. 중고 책 사업에 관한 기술 전수가 모두 끝났음에도 한 달에 한 번 있는 모임에 빠지지 않고 꼬박 나왔다. 그런 모습이 예뻐 살짝 지도해준 기억이 난다. 고객이 스스로 홍보하는 입소문 마케팅의 표본이 바로 이런 모습이 아니던가.

영업은 힘들다. 사업은 더 힘들다. 하지만 방법만 알면 성공할 수 있다. 상담 방법을 바꿔보라. 이제까지 했던 방법이 잘 먹히지 않았다면 화법에 문제가 있을 것이다. 세상에는 3가지 부류의 고객이 있다. 내 상품에 관심 있는 사람, 약간 흥미나 관심 있는 사람, 전혀 관심 없는 사람. 적어도 관심 있어서 전화 온 사람이라면 90% 이상은 놓치지 말아야 한다. 심지어 제 발로 찾아온 사람을 놓친다는 건 최악의 영업 실력이다. 적어도 내 앞에 지금 앉아 있는 사람이라면 충분히 내 고객으로 만들 수 있어야 한다. 이제부터 '생각해볼게요'라는 말은 내 사전에서 지워버려야 한다.

사람과 아이템은 그대로였다. 단지 화법만 바꿨을 뿐인데 놀라운 매출이 일어났다. 개업 답례품을 취급하는 50대 여자분도 기억난다. 이 수강생은 하는 일마다 일이 잘 안 풀렸다고 했다. 지금 하는 일도 계속 적자에 허덕이다 찾아왔다. 남편과 함께 온 이유를 들어보니 이번엔 또 무슨 일을 저지르려나 하고 따라왔다고 한다.

2시간 남짓 상담이 진행된 후 남편이 말없이 결제를 도와주었다. 사무실을 나서는 그들에게 "우리 강○○ 님~, 지금 하는 일도 앞으로 더욱더 잘되실 겁니다" 하고 헤어졌다. 2개월쯤 된 후 수업에 참여한 이분이 뜬금없는 질문을 했다.

"대표님~, 그때 무슨 근거로 그런 말씀 하셨어요?"
"무얼 말씀인가요?"
"저, 지금 하는 개업 답례품 일도 너무 잘되고 있어요!"

큰 업체와 개인 업체가 견적서를 내밀었을 때 당연히 큰 업체의 낮은 가격 제시 때문에 경쟁 자체가 안 된다. 그러니 견적 단가로만 싸운다면 만년 적자에 시달리게 돼 있다.

몇 년간 적자를 고민하다 다른 사업 해보겠다고 찾아온 이분도 단 두 달 만에 매출이 올라갔다. 오죽하면 나더러 무슨 근거로 그런 말을 했느냐고 도로 묻기까지 했다. 1년쯤 지났을 때도 카톡 문자가 날라온다.

"대표님~, 저 책 사업도 잘되고, 하던 사업도 잘되고 다 대표님 덕분입니다."

재미있는 일 중에 가장 재미있는 일이 가르치고 감사 인사를 듣는 것이 아닌가 싶다.

　대부분 장사나 사업은 힘들다. 얼마나 어려우면 장사의 신이라 부를까? 무작정 덤볐다가 전 재산 다 말아먹기 딱 좋은 게 자영업이다. 반면, 잘만 하면 어지간한 직장인보다 훨씬 나은 게 또 영업이다. 모르면 신용불량자가 될 수도 있고, 잘되면 호텔에서 식사하는 호사를 누릴 수도 있다. 내가 하는 일이 어떤 일인지, 전체적인 방향성부터 찾아야 제대로 된 성공을 꿈꿀 수 있다. 업종에 대한 전문적인 지식과 기술, 마케팅 홍보도 중요하다. 그리고 무엇보다 가장 중요한 것은 사람을 대하는 말하는 기술이다. 함부로 덤비지 마라. 영업을 모른다면 폐업과 신용불량자 딱지만 따라다닐 것이다. 실패한 경험 없이 성공했다는 사람은 없다. 영업, 제대로 배워야 한다.

고객이
스스로 찾아오게
만들어라

감기에 걸려 몸살기가 있는데도 굳이 학원을 간다는 중학생 녀석이 있다. 집에서 푹 쉬라는 엄마 마음은 아랑곳하지 않고 학원을 간다고 우긴다. 몸이 이렇게 아픈데 굳이 가겠다고 우기는 이유가 뭔지 물어봤다. "학원 가면 재밌단 말이야!" 엄마는 깜짝 놀란다.

중2 남학생이, 심지어 수학 학원이 재미있다며 가겠다고 우기니 자식 아픈 건 둘째치고 이 얼마나 반가운 소리인가? 아들 키우며 이런 모습을 처음 본다면 기분이 어떻겠는가?

지난주 강의 중에 사례 발표 시간이 있었다. 청주의 어느 수학 학원을 운영하는 분의 이야기였다. 평소에도 학생들과 유대 관계는 상당히 좋은 편이었지만, 강의에서 배운 대화법을 써먹는 재미에 푹 빠져있다고 한다. 어느 날 원장님 핸드폰으로 장문의 문자가 들어 왔단다. 살다가 이런 모습은 처음 본다며 학부모의 감사 인사를 받았단다. 며칠 후 아들 손에 선물까지 들려 보냈다. 마트에서 흔히 볼 수 있는 음료 세트지만 마음이 아주 뿌듯했다고 한다.

몸이 아파서 가지 말라고 하는데도 뿌리치고 가는 학원이 있다? 나중에 이 학원이 어떻게 더 커나가고 성공할지는 안 봐도 뻔하다. 그 학생은 주위 친구를 데려올 것이다. 학부모는 이미 다른 학부모에게 입소문을 냈는지 소개로 찾아온 이도 있다고 자랑했다. 사업이 커지고 수익이 높아지는 건 한순간이다. 고객들이 스스로 움직여서 찾아오는 현상이 나타나기 시작한 것이다.

좋은 것이 있으면 주위에 말하고 싶어진다. 사업을 하면 고객이 찾아오게 하는 방법에 대해 많은 고민을 하게 된다. 예전에 어린이 전문 서점을 하면서 결국 내가 할 수 있는 건 신문 속 전단 광고뿐이었다. '어떻게 하면 전단이 분리수거 되지 않고 소중한 정보가 되어 나를 찾아오게 할까?'를 많이 고민했었다. 처음 개업했을 때 이미 우리 지역에 몇몇 아동 도서 할인 매장이 자리 잡고 있었다. 그런데도 많은 사람이 내가 뿌린 전단을 손에 들고 물어물어 내 가게로 찾아왔다. 그 전단은 내가 서점을 개업했으니 오라는 것이 아니었다. 전집을 사려는 사람들은 꼭 와보고 싶게 만들었다. 출판사 돌방(돌아다니며 개척한 후 방문) 영업을 3년이나 했기 때문에 고객이 뭘 고민하고 망설이는지, 뭘 해결해주면 곧바로 구매 결정을 할 수 있을지 이미 알고 있었다.

요즘은 인터넷으로 모든 홍보를 대신에 하는 시대다. 그런데도 아파트 홍보 게시판에는 많은 전단이 관리 사무소의 허락 도장과 함께 붙여져 있다. 개인 지도나 개인이 운영하는 지역 학원들이 눈에 띈다. 인터넷이든 전단이든 일단 홍보를 해야 한다. 내가 어디서 뭘 하며, 내게 찾아왔을 때 다른 곳보다 어떤 남다른 이득이 당신에게 있을지 나타내야 한다. 누군가가 나의 글을 읽었다면 그 내용만으로 상대방을 끌어당기는 매력적인 무엇 하나가 있어야 한다. 왜 나에게 와야 하는지 그 이유가 없다면 그건 쓰레기에 불과하다.

누군가 옆에서 뜯어말려도 오고 싶게 해야 한다. 그런 면에선 주기적으로 나를 알릴 수 있는 SNS를 강력히 권한다. 나도 나를 알리는 SNS를 배우지 않았다면 어떻게 됐을까? 중고책 창업과 1인 지식창업을 한다고 사무실을 차려놓았다고 치자. 전단이나 입소문만으로 사업을 꾸려나갔다면 도대체 몇 명이나 찾아왔을까? 인터넷은 나를 구체적으로 알리는 데 아주 효율적이고 생산적이다. 비용도 거의 들지 않는다. 한 번만 배워두면 평생 써먹는다. 꼭 나여야 하는 이유부터 찾는다면 고객은 줄을 설 것이다. 그렇다고 처음부터 대행 광고를 맡기기보다는 스스로 배워서 내가 할 줄 알았을 때 맡기는 게 좋다. 내가 할 줄 모르는 일은 절대 남에게 시키면 안 된다.

"노랑반디 대표님에게 꼭 배우고 싶어요."

부산에서 혹은 동해에서 어떻게 알았는지 전국에서 찾아온다. 인터넷에서 이미 나를 알고 오는 사람들이다. 나의 시스템 속에 들어와 있는 다른 선배들처럼 그렇게 되길 원한다. 어제도 대구에서 어떤 부부가 찾아왔다. 남편과 함께 오지 않으면 면담 날짜를 잡아주지 않을 때가 가끔 있다. 이번 경우가 그랬다. 너무 소심하고 자신을 못 믿는 주부였다.

전화 상담에서 이미 남들처럼 잘할 자신이 없어 보였다. 이날 2시간 남짓 진행된 면담을 끝내자 몇 달 동안 고민하고 나를 만나러 온 사람보다 함께 따라온 남편이 더 확신에 차며 수강 등록을 하고 갔다.

인터넷이 없다면 나를 찾아낼 확률은 로또 당첨보다 더 어렵다. 늦깎

이 주부도 배워서 사업하는데 이 글을 읽고 있는 여러분도 충분히 할 수 있다. 특히 개인 사업자는 더더욱 인터넷을 활용하길 권한다. 제품 하나를 사더라도 가능하면 전문가 같은 사람, 기왕이면 유명한 사람에게 상담받고 싶어 한다. 사람들은 자기가 하는 선택이 과연 옳을까가 항상 의문이다. 나의 전문성을 잘 드러내는 방법과 상담 방법의 원리만 안다면 고수입이 가능하다. 어느 업종이나 마찬가지다.

작년에 섹션 오피스를 새로 분양받아 입주했다. 지하층과 1층 엘리베이터 앞에는 많은 입간판이 세워져 있다. 배너 광고 홍보물이 빼곡한 건 어느 빌딩이나 마찬가지다. 2층과 3층에 영화관이 있으니 이동하는 사람들에게 홍보 수단도 될 것이라 본다. 수많은 업종의 입간판을 보고 있으면 모든 사업자가 다 잘 돼서 부자가 됐으면 하는 바람이 들었다.

한편으로 다른 방향에서 생각을 해보기도 한다. 입간판의 내용은 대부분 비슷하다. 확 끌려서 다음에 꼭 가봐야지 하는 마음에 들게 하는 카피 글을 보기란 쉽지 않다. 눈썹 문신을 새로 할 때가 되어 입간판을 뚫어지라 읽어본다. 두세 군데 중에서 꼭 저곳에 가봐야지 하는 마음이 드는 곳이 없다. 그저 이 빌딩에 자리 잡고 있다는 정도의 효과밖에 없어 보였다. 시간만 남는다면야 이 빌딩의 모든 사업자를 모아서, 고객이 스스로 찾아오는 시스템 만들기에 관한 모임이라도 만들고 싶은 마음이다.

전 세계에서 자영업자 비율이 가장 많은 곳이 한국이란 기사를 봤다. 피부 미용 전문가, 손맛이 일품인 식당, 신세대풍 레스토랑 운영 사업가, 5년 보험 전문가, 책 판매 상담 선생님, 건강식품 샵 운영자 등 수도 없이 많다. 대부분 자신이 하는 일은 전문가라고 자부하는 이들이다. 사업가가 일만 잘한다면 그건 기술자에 불과하다. 사업을 더 키울 시스템 공부를 해야 위기에 살아남는다. 회계사, 법무사, 변호사들도 합격만 하고 사업에 덤빈다면 그 또한 기술자에 불과하다.

아이템을 알리지 말고 나를 알려라. 훌륭한 사업장과 남다른 기술을 가지고도 망하는 사람이 수두룩하다. 내가 어떤 사람이고 어떻게 남들을 이롭게 해줬는지 알게 하라. 그런 모습을 보고, 나도 그렇게 되고 싶다는 사람들이 하나둘 찾아온다. 여기서 주의할 점은 제품 정보나 할인, 경품, 혜택을 홍보하라는 게 아니다. 자칫 취급하는 상품에 관한 이야기만 늘어놓는다면 괜히 정보만 주게 된다.

굳이 나에게 꼭 와야 하는 이유를 찾아라. 모든 걸 다 잘한다고 말하지 마라. 고객이 궁금해하고 두려워하고 해결하고 싶은 단 1가지를 찾아내라. 말을 잘 못 해서 영업이 두려운 사람에게는 나처럼 대본을 쥐여주어라. 외우기만 하면 성공하는 정통멘트가 있다면 어떨까? 고객에게 다가가면 도망간다. 고객이 스스로 찾아내서 달려오게 만들어라. 나를 찾아오는 사람들은 뭘 가장 고민하고 미적거리는지 알아내라. 그 한 가지를 찾는다면 고객은 줄을 설 것이다. 차별화 전략, 당신도 만들 수 있다.

5

성공하고
싶다면 고수에게
배워라

자전거를 멋있게 타고 싶을 때가 있었다. 집에 있던 어른 자전거에 올라 타보지만, 페달에 발이 닿지 않았다. 중학교에 올라가니 키가 커지며 페달에 내 발이 닿는 게 아닌가? 여덟 살 많은 작은 언니에게 자전거 타는 법을 알려 달라고 애원했다.

그때부터 언니는 그걸 미끼로 온갖 잔심부름을 시켜댔다. 그리고도 '다음에, 다음에'만 외치며 선뜻 가르쳐주지 않았다. 너무 타고 싶어서 세워둔 자전거에 올라앉아 하염없이 헛바퀴만 돌렸다.

자전거 헛바퀴 돌리듯 내 영업 생활도 헛바퀴만 돌릴 때가 있었다. 자전거도 이론만 열심히 배운들 실전에서 통할 리가 없다. 뒤에서 잡아주고, 넘어지고 또다시 잡아주고, 반나절은 넘어져 봐야 겨우 안 넘어지고 타게 된다. 그것도 아주 조금 가다 넘어진다. 그것도 성공이라고 우리는 환호성을 지르며 기뻐했다. 그때의 그 성취감이란 이루 말할 수가 없다. 새로운 걸 해낸 뒤의 기쁨은 영업을 할 때도 마찬가지였다. 자전거 배우다 넘어진다고 그만두지 않았듯, 영업실적이 없어도 언젠가는 나도 잘될 줄 알고 부딪쳐보았다.

모든 출판사를 다 헤매고 다니다 마지막에 도착한 신생 회사에서 교육 실장님을 만나지 않았다면 그 후엔 어떻게 되었을까?

초보인 나는 고수를 알아보지 못했다. 내가 그때 왜 그 회사를 몇 달만 다니다 나와버렸는지. 마치 우리 수강생들이 나를 찾아와서 조금만 실천해봐도 계약이 잘 되니 얼씨구나 하고 곧바로 돌아가버리는 꼴이었다.

그 당시 아동 도서 할인 매장에 중고 전집을 싸게 사려고 들렀다가 거긴 수당을 좀 더 많이 준다는 말에 미련없이 옮겨버렸다. 지금 생각하면 어리석기 짝이 없고 땅을 치고 통곡할 일이다. 물론 그때 몇 달간 다닌 경험은 그 이후의 영업 활동에 상당한 수익을 안겨주었다.

영업을 잘한다고 가르치는 것까지 잘하는 경우는 드물다. 수학이나 과학 과목처럼 정답을 찾아가는 방법과 상대방을 설득하는 방법은 전혀 다르기 때문이다.

아는 지인 중에 보험 회사 다니는 여자분이 있는데, 사무실 전체에서 항상 실적 1, 2위를 달렸다. 잘하는 사람에겐 항상 스카우트 제의가 있기 마련이다. 어느 날 모든 사람의 부러움을 받으며 이직했다. 그러나 얼마 못 가서 다시 되돌아왔다. 가만히 들어보니 이직한 곳에서 그곳 사원들의 실적을 올려줘야 하는데 뜻대로 잘 안 되더라는 것이다. 지금은 예전처럼 혼자 조용히 고액 실적을 올린다.

영업을 단기간에 잘하고 싶으면 고수에게 배우는 것이 맞다. 중고 책 창업 교육을 6년째 가르치며 깨운 진리는 '제대로 배우면 반드시 성장 · 성공하더라'였다. 대부분 영업이라고는 한 번도 안 해본 일반인들을 모아 가르쳤다. 2013년쯤, 아는 지인에게 가르쳐줬는데 못하겠다 해서 포기한 기억이 있다. 다시 2017년에 세미나를 통해 '방 1칸 중고 책 창업'을 알리고 처음으로 정식 수강생을 모집했다. 세미나와 면담을 거쳐 통과된 우리 수강생들을 성공시키기 위해 시스템을 만들기 시작했다. 그들이 실패하지 않게 하려고 몇 가지 성공 원칙을 만들었다. 이 방법에 그 당시 나의 멘토인 우리 스승님이 알려준 방법을 몇 가지 적용해보았다.

그중 하나가 일종의 모의 훈련 프로그램이다. 20년 넘게 영업 현장에서 몇만 명의 사람들을 만나본 경험을 토대로 만들었다. 군대를 다녀와보진 않았지만, 군인들도 만일의 전쟁에 대비해 매일 전투 훈련을 한다. 하지만 현실의 영업 사무실은 조금 다르다. 매일 출근해서 상품 설명만 한 바가지 듣고, 어젠 어떤 사람이 얼마만큼 실적을 냈는지 듣는다. 그렇게 조회를 마무리하며 으쌰! 으쌰! 파이팅을 외치고 사무실을 빠져나온다.

사무실 벽에 붙은 잘 나가는 사원들의 실적 그래프를 쳐다본다. 그 옆자리에 있는 내 실적은 터무니없이 낮다. 내 마음도 같이 낮아져 쪼그라든다. 남들은 대체 어떻게 해서 잘할까? 비법은 따로 없다. 고수들이 하는 방법을 그대로 따라 하면 된다. 중소 직장 다니며 부수입을 얻고자 찾아온 어떤 아기 아빠가 있었다. 수강 등록을 해 놓고도 시스템에서 시키는 대로 안 하고 딴짓을 하고 있었다고 한다. 면담 때 함께 왔던 부인이 그 모습을 보고 크게 나무랐다고 한다. "당신은 왜 노랑반디 대표님이 시키는 대로 안 하고 엉뚱한 것만 하고 있느냐?"고 했단다.

'대본을 보지 않고 화법 연습을 끝내자'라며 그길로 다짐했다 한다. 출근길과 퇴근길에 연습한 결과 14일이 걸렸다는 말이 후기 글에 나와 있다. 똑같이 배우고도 남다르게 잘하는 사람은 뭐가 다를까? 그냥 시키는 대로 실천한 게 전부다. 똑같이 따라 하는 것조차 힘든 게 사실 공부다.

배우고 성공하려면 만족한 성과가 날 때까지 중단없이 노력해야 한다. 실패자의 특징이 비법을 알려줘도 중도에 모의 훈련을 그만둬버린다. 실패하거나 성공을 포기한 사람들의 이유는 한 가지다. 실천은 없고 변명만 길다.

성공한 사람들의 얘기를 잘 들어보라. 성공한 원인에 대해 그들은 한결같이 똑같은 말을 한다. "그냥 시키는 대로 했을 뿐입니다."라고 한다. 고수에게 배우고 시키는 대로 만족한 결과가 나올 때까지 무식하게 계속 실천해봐야 한다. 그게 성공비법이다. 너무 싱겁다고? 맞다. 비법이라고 하기엔 너무 싱겁다. 하지만 수많은 책을 뒤져봐도 성공한 사람들은 한결같이 말한다. '어려운 공부였지만 난 내가 할 수 있는 만큼만 최선을 다해 실천해봤다.'가 대부분이다. 실천 없는 성공은 있을 수 없다.

성공은 아무나 할 수 있다. 특히 하는 일이 영업이라면 더 확신한다. 대단한 재벌처럼은 아니지만 적어도 상위그룹까지 이동할 수 있다. 서울로 공부하러 다니며 그런 사람들을 많이 보았다. 함께 공부했던 많은 사람이 부의 추월 차선으로 이동하는 걸 목격했다. 나를 포함한 그들의 대부분은 자신의 성공한 모습을 확신하고 그렸으며 설계했다. 누군가 중도에 안된다고 포기하는 사람을 보아도 전혀 흔들림 없이 앞으로 나아갔다. 성공하는 방정식만 안다면, 그리고 포기하지 않고 따라 한다면 이 세상에 못 할 게 아무것도 없다. 단, 내가 좋아하고, 하고 싶고, 되고 싶은 것 중에 몸담고 있어야 한다.

애들은 공부를 좋아했을까? 그런데도 고등학교 졸업할 때까지 영, 수는 놓치지 않고 학원을 보냈다. 심지어 고2 때였을 땐 의대생에게 수학 개인 과외까지 맡겼다. 단지 의대생이라 당연히 잘 가르칠 것으로 생각했지 그 사람이 성공시킨 학생이 누군지는 전혀 관심을 두지 않았다. 실력이 늘지 않자 수학 학원도, 과외도 모두 중단하고 온라인 강의를 신청하고 들었다. 신기하게 수학 점수가 올라가는 놀라운 효과를 봤다. 초등부터 중고등까지 들어간 학원비만 해도 아찔하게 많다. 그 돈을 모두 모았으면 집 한 채는 살 수 있었을지도 모른다.

만약 돈을 더 벌 수 있다면 우리 자녀에게 뭘 해주고 싶은가? 난 이런 질문을 많이 한다. 엄마들의 마음은 대부분 비슷하다. 원하는 것 모두 다 해주고 싶어 했다. 공부도 유학도 하고 싶다면 끝까지 밀어주고 싶다. 먹고, 입고, 갖고 싶은 건 뭐든 다 이뤄주고 싶단다. 그렇게 자녀들에겐 무한 사랑을 표하면서 정작 자신을 위해선 무얼 투자했는가? 투자는 둘째 치고 투자라는 걸 해야 하는지도 몰랐다. 화장품 사고 옷 사는 것이 투자가 아니다. 자녀들의 미래가 걱정되어 배움에 투자하듯 나를 위한 공부 투자도 해야 한다.

자전거조차도 배우지 않으면 안장에 앉아 헛바퀴만 돌린다. 아무리 힘차게 돌려봐야 앞으로 나아가지 않는다. 우리 삶도 똑같다. 영업 20년을 하고 뒤돌아보니 무상함만 남았다. 변했다면 사는 곳이 조금 더 나아졌고, 나이만 좀 더 먹었을 뿐 사는 건 여전히 빡빡했다. 영업 공부하려고 큰맘을 내지 않았다면 지금 나는 어디에 서 있을까? 서울과 천안을 일주일에 네 번을 왕복하며 몹시 지치고 힘들었다. 그런데도 내게 힘이 되어준 사람들이 있어서 행복하고 즐거웠고 재미있게 내 힘듦을 누를 수 있었던 것 같다. 바로 나를 믿고 따르며 성공해줬던 우리 수강생들이다.

고수들은 성공 방법이 남다르다. 그들도 중단 없는 배움을 하고 있다는 사실을 아는가? 성공한 사람치고 배움을 게을리 한 사람을 본 적이 없다. 배우지 않으면 나아질 수 없다. 공짜 강의 좋아하지 말고 비싼 돈을 내고 배워라. 배웠다면 온전히 내 걸로 만들려고 애를 써야 한다. 책으로 성공하길 바라지 마라. 고수에게 배운 후에야 그들의 책을 보라. 그러면 길이 보일 것이다. 고수들이 알려주는 비법은 가감 없이 모두 따라 해보라. 내 눈엔 필요 없어 보이는 부분조차 따라서 실천해야 한다. 초보인 당신이 실패하는 이유가 뭔지 아는가? 고수들의 비법을 비법인 것과 아닌 것을 내 맘대로 분류한 후 실천 목록에서 빼버렸기 때문이다. 무식하게 배우고 무식하게 실천해라. 그러면 당신도 반드시 고수가 될 수 있다.

업계
최고의 멘토를
찾아가라

이번엔 반드시 성공하고 말리라. 지난해 겨울이 다가올 때 이번 김장 만큼은 제대로 한번 맛을 내보고 싶었다. 김장독 온도를 잘못 설정했나? 맛없는 김장을 애꿏은 가전제품에 전가하기도 했다.

매년 김치를 나눠주던 언니도 이번만큼은 이런저런 이유로 나눔을 못 해준다고 했다. 큰애는 미리 겁을 준다. "엄마~ ,김장해서 맛도 없이 버릴 거면 그냥 주문해서 사 먹자!" 그 말에 마음이 살짝 흔들리긴 했지만, 구독자가 많은 유튜버가 알려주는 대로 따라 했다.

겨우 10포기 하는 김장도 힘들기는 100포기쯤 하는 듯했다. 이틀간 온 집안을 한바탕 어지럽히고 난 후에야 김장이 끝이 났다. "어라? 맛있네?" 남편과 큰애가 극찬을 쏟아낸다. 평생 담근 김치 중에 가장 맛있었다. 물론 큰언니, 작은언니 솜씨에 비하면 비길 바도 아니지만 말이다. 유튜버가 알려준 레시피를 내년에도 따라 하기 위해 유성 펜으로 꼼꼼히 적어 김장독 옆에 떡하니 붙여놓았다.

무엇이든 전문가가 시키는 대로 하면 실패할 확률은 줄어든다. 전문가부터 찾아내라. 한동안 TV 채널을 돌릴 때마다 백종원이 출연하는 프로가 눈에 띄었다. 먹는 방송은 원래 즐겨보는 편이 아니었다. 하지만 그 사람이 유명한 이유가 있으리라 생각하고 TV 채널을 고정했다. 손님이 없어 적자에 허덕이는 가게를 살려주는 기획 프로그램이었다.

1. 먼저 장사가 안되는 가게를 방문한다.
2. 의뢰한 식당 주인이 해주는 음식을 먹어본다.
3. 1차 맛 평가를 한다.
4. 본인이 직접 그 음식을 만들어서 맛보게 한다.
5. 무엇을 바꾸고 첨삭해야 하는지 주방에다 직접 알려준다.
6. 가게 주인의 얼굴에 화색이 돈다. 알려준 레시피대로 실천해본다.
7. 일주일 뒤 재방문 후 음식 점검을 한다.

8. 손님이 늘어난다.

전문가가 하나하나 섬세하게 알려준다면 매출이 늘어나지 않을 이유가 없다. 내가 음식 장사를 한다면 지금 당장 백종원을 찾아갔을 것이다.

비법대로 따라 하면 된다. 단, 매뉴얼을 그대로 빠트림 없이 따라 해야 한다. 음식 장사는 사람의 손끝으로 무에서 유를 만들어내는 일이다. 농수산물 시장에 가면 누구나 구할 수 있는 재료들이다. 하지만 누가 어떻게 만드냐에 따라 맛은 천차만별이다. 영업도 마찬가지다. 누구나 취급하는 아이템이지만 사람의 혀끝으로 무에서 유를 만들어낸다. 누굴 어떻게 설득하느냐에 따라 수입이 천차만별 달라진다. 식자재로 요리하는 것과 말로 내 상품을 요리하는 것은 같은 이치다.

이 글을 쓰고 있는 지금도 내 핸드폰에는 "대표님 감사합니다. 성공했어요. 긴 시간 피드백 감사드립니다"라는 문자가 날라온다. 얼마 후 카페엔 대표님의 1시간 가까운 피드백 덕분에 원하는 대로 계약이 됐다는 감사 글이 올라왔다. 영업을 한 번도 안 해본 우리 진OO 님이었다. 작은 계약 건이었을 것이라 짐작하면 오산이다. 무려 29세트의 1,000권이 넘는 책들을 무료로 가져왔다. 가져온 책들은 제값 받고 팔릴 것이다. 중요한 건 전화 통화 내용이다. 고객은 본인이 사들인 책의 정가가 1,200여만 원어치 정도 된다는 사실만 알고 있다. 하지만 헌 책 시세가 세트당 1만 원인지, 10만 원인지, 50만 원인지 모른다는 사실이다. 그렇다보니 방문 약속 전 전화 상담에서 끈질기게 가격을 물어봤다고 한다. 심지어 다른 업체에도 전화로 이미 물어본 상황이라고 했다.

당신이 책 주인이라면 도대체 얼마를 받고 싶은가? 첫 방문 예정인 우리 신입은 마음을 졸이고 있었다.

"대표님~, 자꾸만 가격을 끈질기게 묻는데 얼마를 줘야 하나요?"

고객과 나눈 대화를 가만히 들어보니 이미 고객에게 가격에 대한 기대 심리를 한껏 높여놔버렸다. 일단 가서 한번 봐드린다는 말은 어쩌면 아주 위험한 말이다. 누구나 다 내 물건은 깨끗하다고 생각하기 때문이다. 마치 칠순 노모 눈에는 쉰 살이 된, 시집 못 간 내 딸이 세상에서 가장 어여쁘게 보이는 것과 마찬가지다. 고객과 만났을 때의 멘트를 시뮬레이션으로 연습시켰다. 전화로 거의 1시간을 소비해 전략을 짜줬다. 난 아무래도 욕심이 많은가 보다. 신입 수강생의 첫 출동이지만 온갖 정성을 다해준다. 마치 내 자식이 내일 전쟁터에 나가는 것 마냥, 꼭 이기고 돌아오길 바라는 간절한 부모와도 같은 마음이다. 마지막으로 마인드 컨트롤까지 해준다. 후기 글의 대부분엔 이런 말이 빠지지 않는다. 대표님과 통화 후 희한하게 편안해지는 마음으로 다녀왔다는 말이 항상 붙는다.

사실, 신입이 성공할 수 있었던 또 한 가지 이유는 바로 그것이다. 마인드 컨트롤. 편안한 마음. 실전에서는 이제 연습처럼 하고 올 수 있도록 마지막 한마디를 잊지 않고 덧붙인다.

"우리 카페에서 아무도 당신의 성공을 기다리고 있는 사람은 없다. 관심조차 없다. 신입이 성공하고 온다는 것 자체가 이상한 일이다. 절대 성공할 수 없다. 심지어 오늘처럼 깐깐한 집은 더욱 그러하다. 그러니 마음 편안히 그동안 배운 것 실컷 연습이나 하고 온다고 생각하고 가라. 장사는 베짱이다. 정통멘트 연습하고 오라."

영업은 초반부터 길을 잘 들여야 한다. 멘트를 시뮬레이션했다면 이제 욕심과 마음 비우기를 체득해야 한다. 베테랑이 가진 성공 습관을 체득하면 어떤 영업이라도 성공할 수 있다. 상담에서 이기고 오려면 온 전력을 다해야 한다. 군인이 적장에 가서 이기고 올 의지가 없다면 죽음밖에 없다. 잘 짜인 전략대로 움직여도 이길까 말까 하는 게 전쟁이다. 성공하려면 그냥 노력이 아닌 피나는 노력을 해야 한다. 영업의 실패를 뛰어넘으려면 교육 내용, 적용 방법, 실전 연습 등을 통해 혁신해야 한다. 아무리 좋은 전략이라도 실제 현장에 적용이 안 되면 소용이 없다. 실제 적용이 되고 통하느냐가 가장 중요한 관건이다.

국민 영웅 김연아 선수처럼 되고 싶은가? 이 사람을 성공시킨 스승을 찾아가면 된다. 베트남 축구 국가 대표팀은 박항서 감독이 부임 후 돌풍을 일으켰다. 감독은 단숨에 베트남의 국가 영웅이 되었다. 히딩크 감독은 2002 월드컵에서 우리나라를 단숨에 4위까지 끌어올렸다. 훌륭한 선수들 뒤에는 항상 훌륭한 감독들이 있었다. 세상에 자기 혼자 스스로 성공한 사람은 단 한 명도 없을 것이다. 훌륭한 멘토를 만난 선수들은 발이 휘어지도록 연습하고, 또 연습했다.

실전에서 실패하지 않으려면 업계 최고를 찾아가라. 성공이란 멘토를 찾는 게임이다. 새로운 일을 벌일 때마다 가장 먼저 멘토 찾기에 집중해 보라. 비록, 저렴하지 않은 비용을 지급하더라도 그게 가장 빠른 성공 방법이다. 아인슈타인이 말했다. "전구를 만들려고 만 번 넘게 실패하고 단 한 번 성공했다. 그 만 번은 실패하지 않는 방법을 만 번이나 경험한 것뿐이다"라고. 실패를 반복할 시간이 있는가? 지금 내가 전구가 없는 세상에 산다면 가장 먼저 아인슈타인의 만 번의 경험을 사러 갈 것이다. 나는 세 번이나 훌륭한 멘토를 만났던 것 같다. 실패할 시간이 없다면 지금 당장 멘토부터 찾아 나서자.

고수들의
화술을 매뉴얼화
해라

직장인들의 월급봉투는 점점 얇아져가고 있다. 외벌이로는커녕 맞벌이를 해도 자녀 교육비와 내 집 마련을 쉽사리 해결하기 힘들다. 해마다 오르는 물가에 아무리 허리띠를 졸라매고 생활해도 대출 잔고는 쉽게 줄어들지가 않는다.

중소 회사 근무 9년 차라는 어떤 분의 이야기다. 지금 당장 회사를 때려치우고 싶지만 때려치지 못하는 자신을 한심스러워했다. 이제 나이도 30대 후반이라 이직하기도 어중간한 나이라 갈 때도 마땅찮았다. 분양받은 아파트의 이자 상환과 매달 들어가는 생활비와 카드 대금에 꼼짝없이 잡혀 있는 자신이 슬펐다. 회사의 과중한 업무 처리에도 매일 돌아오는 건 직장 상사의 꾸지람뿐이라 즐겁지 않다.

IT업계에 다니던 50대 초반의 남자분. 그는 평생을 일했지만, 지금은 정규직이 아닌 비정규직이라고 소개했다. 프로젝트 하나가 생길 때면 몇 달을 밤낮없이 매달렸다가 끝나면 몇 달을 또 쉬어야 했다. 나이는 차고, 자녀들은 커가고, 고정 생활비는 줄어들지 않고 오히려 늘어났다. 주 52시간이 도입된 후 직장인 대부분은 정시에 퇴근하는 것이 정착되었다고 들었는데, 이 사람은 그렇지 않다고 했다.

퇴근은 새벽 1시가 기본이었다. 그러면서 시간 외 수당은 챙겨 받지 못했다. 그의 진짜 고민은 늦은 퇴근 시간이나 시간 외 수당에 대한 불만이 아니었다. 언제까지 이 일을 할 수 있을지 모른다는 두려움에 불안해했다. 회사는 나 없어도 잘 굴러간다. 만약에 실직이라도 하면 뭐 먹고 살아야 하나? 단기 아르바이트나 부업만으론 커져 버린 집안 경제를 떠받쳐줄 수가 없다.

"남을 위한 일 말고 내 사업을 하고 싶어요."
"그래서 알아보고 할 수 있는 게 뭐 있던가요?"

이렇게 질문을 던져본다. 대부분 남이 시키는 일을 해온 직장인들은 선뜻 대답을 못 한다. 장사하려니 자본금이 많이 든다. 무자본으로 창업, 소액 창업 등 수많은 업종이 유혹한다. 직장의 문을 나오면 당장 생활비를 벌어야 하는 처지라 찬찬히 창업을 준비하기는 어렵다. 급하게 준비한 사업은 대부분 얼마 못 가 폐업 신고를 하게 된다. 그리고 뛰어드는 것이 영업 시장이다. 남을 설득해야 수입이 되는 일을 한 번도 해보지 않은 사람이 살아남기란 힘들다. 말 그대로 하늘의 별을 따오는 일만큼이나 어렵다.

영업을 잘 배우면 내 미래를 대비할 수 있다. 영업의 꽃은 마케팅도 아니고 좋은 아이템이나 상품도 아닌 화술이다. 현재 사는 모습을 더 업그레이드시킬 수 있는 건 영업을 배우는 길이다. 전국에는 수많은 업종의 영업 사무실이 있다. 고객의 주머니에서 나오는 돈이 수입원인 장사는 모두 영업이다. 잘 배운 영업 화술은 나와 내 가족의 삶을 풍족하고 아름답게 만들 수 있다.

군 장교 생활을 하는 28세의 예비 신랑 Y씨. 나이만 딱 봐도 사회 경험이라고는 대학 생활이나 군 생활이 전부로 보인다. 예비 신부는 아직 공부하는 학생이고 4년 후 결혼을 꿈꾸고 있었다. 지금 월급으로는 내 집 장만은 커녕 장차 자녀가 태어난다고 생각하니 아찔했다. 화술을 배워두면 직장이든 대인관계든 모두 요긴하게 사용될 것 같다며 영업에 입문했다.

목표를 설정하고 시스템대로 열심히 미션을 따라 했다. 고객과 면담을 대비한 정통멘트도 빠지지 않고 연습했다. 그러더니 첫 달부터 당당하게 수익 인증 글을 남겼다. 이런 왕초보가 영업 세계에서 살아남을 확률은 거의 없다. Y씨처럼 처음 입문한 우리 수강생들이 재빠르게 성과를 나타내는 건 바로 매뉴얼화된 정통멘트 덕분이다.

상대방을 설득하려면 매뉴얼이 필요하다. 많은 영업 고수들은 늘 자신의 노하우를 책으로 알려줬다. 그렇다 해도 영업 초보는 응용하기가 쉽지 않다. 말을 글로 옮겨 놓은 화법을 어떻게 다시 말로 표현할 수 있을까? 그래서 무릇 공부란, 먼저 배우고 깨우친 후에 그 관련 책을 넘겨보면 그제야 이해가 된다. 나도 영업 20년 하면서 성공에 관련된 책을 자주 뒤졌다. 밑줄도 쳐가며 가슴에 새겨보려고 했지만, 어디 하나 내 것으로 만드는 것이 쉽지 않았다.

영업 일을 파고든 지 4년. 전엔 그저 흩어진 글자들이 이젠 비법집으로 다가왔다. 읽어보니 그동안 배운 내용이 책 속 이곳저곳에 다이아몬드처럼 박혀있는 걸 발견했다. 그래서 "책 속에 길이 있다"라고 옛 선인들이 말했구나. 살면서 책의 위대함을 크게 두 번이나 깨우쳤다. 아팠을 때도 책 덕분이었고, 사업이 힘들었을 때도 그랬다.

"회사에는 업무 매뉴얼이 있듯 영업 고수에겐 화법 매뉴얼이 있다."

상담 매뉴얼 안에는 다음과 같은 내용이 들어가면 좋다. 먼저 고객의 관심사를 파악한다. 이를 위해 몇 가지 질문을 던진다. 그다음엔 상품을 고르거나 거래를 하기 전에 특별히 좀 더 신경 쓰거나 관심 두는 부분을 파악한다. 대화는 온전히 고객을 위한 시간임을 알게 한다. 그렇다면 지금 당장 무얼 가장 해결하고 싶은지 고민이나 골치 아픈 문제가 무엇인지 대화해본다. 차후에 상담이 완료되고, 클로징을 하려는 순간, 생각해본다거나 상의를 해봐야 한다는 말로 거절이 나올 여지를 파악한다.

"생각해보고 연락 드리겠습니다."

이런 거절이 나오지 않도록 매뉴얼을 짜야 한다. 지인이나 그동안 거래해온 업체가 있는지 대화를 통해 자연스레 파악해본다. 내가 고객을 위해 상품을 먼저 권하는 건 금물이다. 상품을 결정할 때 무엇을 가장 중요하게 생각하는지 관심 상품을 파악한다. 상품에 따라서 직장 상사나 혹은 가족과 상의를 해야 하는지 알아낸 후 거절에 대한 상황 대비를 한

번 더 유추해낸다. 긴 상담을 통해 고객의 마음을 충분히 파악했다면 조심스레 상품을 선택할 수 있도록 도와준다.

"그럼 난 어떻게 하면 좋죠?"

고객이 관심을 두거나 결정 예정인 상품의 가치에 관해 이야기한다. 타사 상품이 아닌 손해 비용 또는 이익 비용과 가치를 비교해준다. 계약하기 전, 계약을 전제로 한 1차 클로징을 시도해본다. 미래 가치와 이익에 대해 충분한 만족을 하고 있다면 고객의 눈은 순간 반짝할 것이다. 이때, 계약서를 내밀어 작성을 도와준다. 제품에 대한 상세한 설명은 계약이 끝난 후 20% 정도만 하고, 제품이 도착한 날 나머지 설명을 도와준다. 물건이 아닌 강의나 노하우 컨설팅이 상품이라면 계약 사인 후 설명으로 도와준다.

각각의 순서별로 세밀하고 세밀하게 화법을 만들면 된다. 상담 매뉴얼은 크게 두 가지로 나뉜다. 각 상품에 대한 화법과 대상에 대한 화법이다. 첫 번째, 취급하는 모든 상품은 그들만의 장점과 취약점이 있다. 고객들이 왜 선호하기도 하고 싫어하기도 하는지 파악해야 한다. 고객은 어떤 부분에서 구매를 서둘렀는지 또는 망설였는지 알고 화법을 준비한다. 두 번째, 고객이 어떤 대상 인지에 따라 한 가지 상품도 다양한 화법이 준비되어야 한다. 고객의 좋은 반응과 나쁜 반응은 나이나 연령대 혹은 성별에 따라 선호도가 달랐을 것이다.

고수들은 상담을 리드하지 딸려가지 않는다. 고객을 어디로 데려갈지 이야기의 방향을 정확히 짚어낸다. 마치 자동차 시동을 켠 후, 내비게이션으로 목적지를 입력하듯 모든 상황을 꿰뚫는다. 내비게이션이 목적지 이탈을 잘 하지 않듯 고수들의 대화엔 이탈 방지 감각이 달려 있다. 상담이 옆으로 새다가도 언제 그랬냐는 듯 고속도로를 내달리는 느낌이다. 흐트러짐이 거의 없다. 웃거나 혹은 심각하거나 혹은 재미있게 이야기한 듯한데, 벌써 계약이라는 목적지에 도착해버린다. 고수들의 상담을 매뉴얼화 할 수 있다면 다음 달 당장 고액 연봉자가 될 수 있다.